W0289866

Wolfgang Seidel

PRO-PRANA Publishing

Wolfgang Seidel

DIESE JUGEND BRAUCHT NOCH VIELE KOMPETENZEN

- BUCH I -

SCHLÜSSELKOMPETENZEN: ÜBERBLICK UND EINSCHÄTZUNG

Danksagung

Mein erster Dank geht hier an viele meiner Kollegen, die mich während der letzten Jahre mit ihren Anregungen, Impulsen, Gedanken und vielen Gesprächen tatkräftig unterstützt haben. Einer Kollegin gilt hier allerdings mein ganz besonderer Dank. *Madeleine Burek*, sie hat mir bei so manchem Frühstück mit ihrem wertvollen Rat zur Seite gestanden. Bedanken möchte ich mich auch bei *Undine Wendel*, die es auf sich genommen hat, eine komplette Vorabversion dieser beiden Bücher durchzuarbeiten und kritisch zu kommentieren.

Danken möchte ich natürlich auch meinen Freunden und Bekannten, die mir wieder einmal ihre neutrale Sichtweise zur Verfügung gestellt haben und dabei geholfen haben, mich hier klarer und verständlicher auszudrücken.

Zu diesem Buch

Damit dieses Buch lesbar bleibt, habe ich im Text nur die männliche Sprachform verwendet.

Alle Namen, die ich in den Beispielen nenne, sind frei erfunden.

1. Auflage, August 2012
Veröffentlicht bei Pro-Prana Publishing, Bremen
ISBN 978-3-00-035879-1
(Arbeitsbuch I)

Inhaltsverzeichnis

– Buch 2 –

Schlüsselkompetenzen:

Entwicklung und Förderung

Herzlich
willkommen!

Herzlich willkommen!

„Zukunft: etwas, das meistens schon da ist, bevor wir damit rechnen."
(Unbekannt)

Bereits seit den sechziger Jahren beklagt sich die deutsche Wirtschaft darüber, dass mindestens ein Viertel der Schulabgänger nicht über die ausreichenden Qualifikationen und Kompetenzen verfügt, um eine betriebliche Ausbildung aufnehmen und erfolgreich beenden zu können. Das Bundesinstitut für Berufsbildung (BIBB) veröffentlichte Anfang März 2010 Zahlen, wonach dies sogar auf knapp die Hälfte der jugendlichen Schulabgänger zutreffen soll. Wenn das stimmt und sich bei Deutschlands Lehrherren weiterhin zu wenig geeignete Azubis bewerben, verwundert es natürlich umso mehr, dass Deutschland in jüngster Zeit immer wieder als statistischer Musterschüler bei der Bekämpfung der Jugendarbeitslosigkeit gepriesen wird. Das liegt wohl daran, dass viele Schulabgänger, die keine reguläre Lehrstelle gefunden haben, in einem Berufsgrundbildungs- oder Berufsvorbereitungsjahr (BGJ / BVJ) unter dem statistischen Radar verschwinden oder in einer anderen Qualifizierungsmaßnahme geparkt werden. „Fast 300.000 Jugendliche geraten jährlich in eine solche Warteschleife. (...) Mehr als die Hälfte der wartenden Jugendlichen sind sogenannte Altbewerber, die in den letzten Runden bei der Ausbildungsplatzsuche leer ausgegangen sind."[1] Und da das staatliche Bildungssystem und die nachschuli-

---

[1] Yasmin El-Sharif: Jugendarbeitslosigkeit in Deutschland – Schatten auf der Boom-Statistik, http://www.spiegel.de/wirtschaft/soziales/jugendarbeitslosigkeit-warum-die-zahl-der-arbeitslosen-hoeher-ist-a-836156.html, Stand: 31.05.2012

schen Qualifizierungsmaßnahmen gegenwärtig zu keiner wesentlichen Situationsverbesserung für diese Schulabgänger beitragen können, schiebt Deutschland eine Bugwelle an potenziellen Langzeitarbeitslosen vor sich her, die trotz des demografischen Wandels von Jahr zu Jahr höher und höher werden wird.

„Diese Jugendlichen" finden oder behalten oft schon deshalb keinen Ausbildungsplatz, weil sie nur über rudimentäre schulische Kenntnisse und kaum entwickelte persönliche und soziale Kompetenzen verfügen. Auf so gut wie jede „schwierige" Situation reagieren sie häufig unangemessen heftig und überzogen. Sie verhalten sich z. T. wie kleine Kinder und schmeißen wutschnaubend alles hin, wenn ihnen etwas nicht passt, knallen mit Türen und lassen trotzig freche Sprüche ab. Neben niedriger Frustrationstoleranz und fehlender Selbstkontrolle mangelt es ihnen sehr häufig noch an vielen weiteren Schlüsselkompetenzen. Dazu zählen i. d. R. u. a. Konzentrationsfähigkeit, Zuverlässigkeit sowie Lern-, Leistungs- und Kooperationsbereitschaft. Fragwürdige Umgangsformen runden ihr Profil dann noch ab, sodass man sie auch auf keinen Fall auf Kunden loslassen kann.

„Wer den Himmel auf Erden sucht,
hat im Erdkundeunterricht geschlafen."
(Stanislaw Jerzy Lec, polnischer Satiriker)

Nun ist es an Ausbildern, Sozialpädagogen, Lehr- und Honorarkräften bei unzähligen Bildungsträgern, aus diesen Jugendlichen möglichst innerhalb kürzester Zeit noch „etwas herauszuholen" und „beruflich Brauchbares" zu machen. Die vorliegenden Arbeitsbücher sollen nun ihren Beitrag dazu leisten, damit die Kollegen hier und da noch etwas effektiver (zusammen)arbeiten können und die beschriebene Bugwelle nicht immer weiter ansteigen wird.

Worum es in diesem Buch gehen wird

„Wer immer tut, was er schon kann,
bleibt immer das, was er schon ist."
(Henry Ford, Gründer von Ford)

Während viele Ratgeber und Kompetenztrainings, die für Jugendliche als präventive Programme konzipiert wurden und Verhaltensauffälligkeiten hauptsächlich vorbeugen sollen[2], wird es in diesen beiden Büchern um konkrete Möglichkeiten für die soziale Arbeit mit benachteiligten Jugendlichen gehen. Wir müssen davon ausgehen, dass es für diese Jugendlichen noch nicht zu spät ist und sie auch in dieser späten Phase ihrer geistigen und körperlichen Entwicklung erfolgreich an ihren Kompetenzen arbeiten können, wenn sie ausrei-

[2] z. B. das FIT FOR LIFE-Training von **Jugert, Rehder, Notz und Petermann 2011**, S. 49

chend motiviert werden und auf wohlwollende professionelle Unterstützung bauen können. Je nach Intellekt und gesundheitlicher Verfassung können und werden diese Jugendlichen sicherlich mal größere, mal kleinere Schritte machen, aber jeder von ihnen hat das Potenzial nach vorne zu gehen und wenn auch „nur" mit klitzekleinen Trippelschritten. Es muss nun vorrangig darum gehen, ihnen die Möglichkeit zu geben, einen Kompetenzstand zu erreichen, der sie in die Lage versetzt, sowohl privat als auch beruflich in unserer (Leistungs)Gesellschaft Fuß fassen und bestehen zu können. Ein zentraler Ansatzpunkt für die Erreichung dieses Ziels stellt m. E. die Entwicklung unterschiedlicher Schlüsselqualifikationen dar.

Vor- und Herangehensweise

„Je planmäßiger die Menschen vorgehen,
desto wirksamer vermag sie der Zufall zu treffen."
(Friedrich Dürrenmatt, schweizer Schriftsteller)

Dieses Buch kommt in zwei physisch getrennten Teilen bzw. Arbeitsbüchern daher. Diese Teilung soll Ihnen die Nutzung der Inhalte erleichtern, indem Sie, während Sie im ersten Buch lesen, auch mal, ohne großartiges Hin- und Herblättern, parallel im zweiten etwas nachschlagen können.

Im ersten Buch „Überblick und Einschätzung" werden persönliche, lebenspraktische und soziale Kompetenzen vorgestellt, besprochen und um eine Kompetenzstanddiagnostik bzw. Einschätzungsmatrix ergänzt, mit der sich der jeweilige Ausprägungsgrad der Kompetenz relativ einfach erkennen und bestimmen lassen soll. Außerdem werden am Ende einer jeden Schlüsselkompetenz einige Maßnahmen, Methoden und Instrumente aufgeführt, die ich den folgenden fünf Handlungsfeldern zugeordnet habe:

Gestaltung von **Rahmenbedingungen**

#1000

Das Gelingen von Fördermaßnahmen hängt zu großen Teilen von den Rahmenbedingungen ab, unter bzw. in denen sie stattfinden. Aus diesem Grund werden einige Vorschläge für die Gestaltung von Rahmenbedingungen beschrieben. Hier sehe ich vor allem eine Chance für sämtliche Bildungsträgerverantwortlichen, wie z. B. Gesellschafter, Geschäftsführer und Vorstände sowie Standort- und Bereichsleiter, aktiv zu werden, um die Rahmenbedingungen in ihren Einrichtungen zu optimieren.

Unterrichtsplanung
(inhaltliche Vorbereitung)
#2000

Damit Fachinhalte, Schlüsselkompetenzen und sonstiges Wissen erfolgreich an die Jugendlichen gebracht werden können, bedarf es im Vorfeld der Vermittlung einer guten Unterrichtsvorbereitung und -planung. Hier sind alle angesprochen, die sich als Ausbilder, Lehr- und Honorarkräfte oder Sozialpädagogen vor die Jugendlichen stellen und ihnen bestimmte Inhalte und Kompetenzen vermitteln wollen. Es geht hier hauptsächlich darum, Unterweisungs- bzw. Unterrichtseinheiten sowohl zielgruppen- als auch zielorientiert vor- und aufzubereiten.

Unterrichtsdurchführung
(Prozessgestaltung)
#3000

Neben einer guten Unterrichtsvorbereitung hängt es natürlich auch stark davon ab, wie die Themen und Inhalte letztlich „an die Jugendlichen gebracht" werden und der Unterrichtsprozess gestaltet wird. Hier ist es die Aufgabe des Lehrpersonals, den Unterricht so zu gestalten, dass er beispielsweise motivierend und fair abläuft und nicht einschläfernd wirkt. Die Jugendlichen müssen aktiviert werden und sich sowohl ernst- als auch angenommen fühlen.

Sozialpädagogische Einzelinterventionen
(Arbeit mit einzelnen Jugendlichen)
#4000

Wenn Jugendliche persönliche Probleme haben und/oder im Unterricht entweder immer wieder mit ihrem Verhalten ein sozial tolerierbares Maß überschreiten oder sich komplett zurückziehen, abschotten und verweigern, hängt es sehr häufig von der Qualität und Verfügbarkeit der sozialpädagogischen Unterstützung ab, ob hier Abhilfe geschaffen werden kann. An dieser Stelle sind in erster Linie die Sozialpädagogen gefragt, wenn es um möglichst nachhaltig wirksame Interventionsarbeit mit einzelnen Jugendlichen geht.

Sozialpädagogische Gruppeninterventionen

(Arbeit mit Gruppen)

#5000

Insbesondere wenn es um die Vermittlung nichtfachlicher Kompetenzen geht, sind (regelmäßige) sozialpädagogische Gruppeninterventionen bzw. Workshops zu einzelnen Themen sehr nützlich und können sehr erfolgreich sein. Es geht hier um eine möglichst „funktionierende" Art und Weise, Jugendlichen, die oftmals am deutschen Bildungssystem gescheitert sind, Kompetenzen näher zu bringen, damit sie diese für sich im Alltag nutzbar machen können.

Die im ersten Arbeitsbuch unter diesen Handlungsfeldern tabellarisch aufgeführten Maßnahmen, Methoden und Instrumente werden dann im zweiten Buch „Entwicklung und Förderung" genauer beschrieben. Um die Beschreibung zu finden, befindet sich am rechten Rand jeder Tabelle eine Nummer nebst Seitenzahl, die auf das zweite Arbeitsbuch verweist (siehe unten).

Unterrichtsplanung (Konzentrationsfähigkeit)		
Kleinschrittige Arbeits- und Vorgehensweise	Buch 2	#2110 Seite 287
Aktivierende Unterrichts- und Arbeitsmethoden		#2113 Seite 312
Aktive Erholungspausen oder Entspannungsphasen		#3122 Seite 433

Oft ist es so, dass etwas, das für die Entwicklung der einen Kompetenz gut ist, auch für eine andere nicht schlecht ist. Und damit in solchen Fällen Maßnahmen, Methoden und Instrumente im zweiten Arbeitsbuch nicht doppelt beschrieben und dafür unnötig viele Bäume gefällt werden müssen, werden Sie einige der Nummern und Seitenzahlen im ersten Buch bei unterschiedlichen Kompetenzen auch öfter wiederfinden. Außerdem haben Sie im Text immer wieder die Möglichkeit, Ihre eigenen Ideen, Kommentare und Gedanken zur persönlichen Erweiterung der Arbeitsbücher an Ort und Stelle festzuhalten:

„Zu Seriöserem
war ich leider nicht talentiert genug!“
(Unbekannt)

Während der Arbeit an diesen Büchern musste ich schnell erkennen, dass es wohl keine abschließende Ideensammlung für die soziale Arbeit mit benachteiligten Jugendlichen geben kann oder jemals geben wird. Aus diesem Grund habe ich für die Erstellung der folgenden Seiten meinen ganzen Mut zur Unvollkommenheit zusammengenommen und möchte Ihnen dennoch eine hoffentlich hilfreiche Zusammenstellung von Schlüsselkompetenzen, Einschätzungen und konkreten Maßnahmen, Instrumenten sowie Methoden für Ihre persönliche Arbeit anbieten.

Wolfgang Seidel
(Bremen, August 2012)

– Kapitel 1 –

Etwas Rüstzeug im Vorfeld

Etwas Rüstzeug im Vorfeld

„Selbst aus schlechten Aussichten lassen sich noch gute Einsichten gewinnen.“

(Ernst Ferstl, österreichischer Lehrer)

Wir können es uns – als Gesellschaft – nicht leisten, bei der Arbeit mit den Jugendlichen schludrig zu arbeiten. Aus diesem Grund müssen wir in unserem Job **„gut sein“** oder **„gut werden“** und dann auch **„gut bleiben“**!

Viele Kollegen kommen zu ihrem Job als Ausbilder oder Honorarkraft bei einem Bildungsträger in einer der vielen Fördermaßnahmen für junge Menschen wie die Jungfrau zum Kind. Nach jahrelanger, aufopfernder Tätigkeit bei einem großen oder mittelgroßen Unternehmen muss plötzlich ein neuer Arbeitsplatz her, weil im alten Betrieb „unstrukturiert“ oder eingespart werden musste. So mancher findet wieder einen neuen Wirkungskreis bei einem der zahlreichen Bildungsträger in Deutschland und sieht sich plötzlich mit einer „neuen Welt“ – den benachteiligten Jugendlichen – konfrontiert. Allerdings wissen auch nur sehr wenige Sozialpädagogen oder Lehrkräfte im Vorfeld wirklich, worauf sie sich bei der Arbeit mit „diesen“ jungen Leuten einlassen. Trotz Studiums und/oder jahrelanger Erfahrungen in anderen Zusammenhängen, ist wohl kaum jemand so richtig auf diesen sehr anspruchsvollen Job vorbereitet. Aber lassen Sie mich von mir reden. Ich habe vor gefühlten 100 Jahren eine Lehre als Energieanlagenelektroniker absolviert, war über 10 Jahre als EDV-Dienstleister selbstständig, habe ein Diplom als Sozialpädagoge in der Tasche und über 20 Jahre Erfahrung als Vereinsübungsleiter und Trainer mit Kindern, Jugendlichen und Erwachsenen auf dem Buckel. Ich habe mir, als ich mich als pädagogischer Mitarbeiter bzw. BvB-Lehrkraft bei einem Bildungsträger verdungen habe, doch tatsächlich eingebildet, dass der Job nicht so schwer sein kann – ich hatte ja keine Ahnung.

Entwicklungsphasen professionellen Handelns

„Jeder muss fünf Entwicklungsphasen durchlaufen, bevor er diesen Job erfolgreich meistern kann."
(Anmerkung des Autors)

Zu Beginn meiner Bildungsträgerkarriere habe ich mich oft über diese Jugendlichen gewundert und geärgert. Mehr als einmal wollte mir nicht in den Kopf, dass sie einfachste Rechenaufgaben nicht lösen konnten oder mich ständig in Diskussionen verstrickt haben. Anfangs war ich noch davon überzeugt, dass mich die Jugendlichen mit ihrem unmöglichen Verhalten bloß ärgern und provozieren wollten. Doch so ist es nicht! Während meiner Zeit als pädagogischer Mitarbeiter habe ich mich an fünf Entwicklungsphasen abgearbeitet. Diese Phasen lauten *wundern, erkennen, begreifen, annehmen* und (professionell) *handeln*.

1. Phase: „*Wundern*"

In der 1. Phase „*wundern*" befindet man sich in einem gefühlten „Kriegszustand" mit den Jugendlichen. Man verpulvert sehr viel Zeit und Energie, indem man sich den vermeintlichen Provokationen, dem renitenten Verhalten und der Unwissenheit der Jugendlichen entgegengestellt und sich auf kräftezehrende Kämpfe mit ihnen einlässt. Man regt sich auf, der Blutdruck steigt und es kommt vor, dass man sich mit den Jugendlichen auch schon mal lauthals streitet.

2. Phase: *„Erkennen"*

Mitten in der 2. Phase befindet sich derjenige, der z. B. *erkennt*, dass man bei diesen Jugendlichen erst einmal nichts ungeprüft als gegeben voraussetzen darf – gar nichts! – und sie auch schon deshalb sehr wenig auf dem Kasten haben, weil sich bisher kaum jemand die Mühe gemacht hat, ihnen notwendige (Schlüssel-) Kompetenzen beizubringen. Das betrifft z. B. Dinge wie Höflichkeit, das kleine 1x1, Tischmanieren und Schleifebinden. Man *erkennt*, dass es z. B. gar nicht in der Absicht der Jugendlichen liegt, jemanden mit ihrem Verhalten zu provozieren. Die Jugendlichen wissen und können es vielfach einfach nicht besser.

3. Phase: *„Begreifen"*

In der 3. Phase *begreift* man nach und nach, dass sich diese Jugendlichen sozial auffällig und unangemessen verhalten, weil sie aufgrund ihrer Sozialisation bzw. Erziehung vieles nie (richtig) mitbekommen und lernen konnten. Ihre aktuellen Lebensumstände tragen zumeist auch nicht unbedingt dazu bei, dass sich das mal so eben einfach ändern lässt. Hinter ihrem oft sozial unerwünschten und arbeitsmarktuntauglichen Verhalten steckt i. d. R. jede Menge Unwissenheit, Hilflosigkeit, Motivations- und Perspektivlosigkeit sowie ein sehr geringes Selbstwertgefühl.

4. Phase: „*Annehmen*"

Zwischen der 3. Phase „*Begreifen*" und dieser Phase „*Annehmen*" besteht ein kleiner, aber entscheidender Unterschied. Nicht jeder, der das Verhalten der Jugendlichen theoretisch herleiten, begründen und nachvollziehen bzw. „*begreifen*" kann, ist auch in der Lage, dieses Wissen zur Grundlage seines ständigen Wirkens bzw. unbewussten Denkens und Handelns zu machen. Bevor man also in die letzte Phase eintreten und damit beginnen kann, sein theoretisch „*begriffenes*" Wissen in professionelles „*Handeln*" zu überführen, hängt man noch so lange in der 4. Phase fest, bis man die eigentliche Problematik der Jugendlichen verinnerlicht und *angenommen* hat. Dies ist z. B. dann geschehen, wenn man im Kontakt mit ihnen durch ihr Verhalten und ihre Unzulänglichkeiten hindurchblicken kann und sie als das begreift und sehen kann, was sie auch sind: das Produkt ihrer Sozialisation.

5. Phase: „*Handeln*"

Nachdem man die 4. Phase erfolgreich gemeistert hat, ergeben sich plötzlich ganz neue Notwendigkeiten für den Umgang mit den Jugendlichen und für ihre Unterstützung. In der 5. Phase ist man bestrebt, möglichst auch die Ursachen der unterschiedlichsten Probleme anzugehen und aufzulösen, anstatt sich hauptsächlich mit kosmetischen Maßnahmen zur Symptombekämpfung und -unterdrückung abzustrampeln. Man fängt in der letzten Phase an, das Richtige auch richtig zu machen: professionell mit den Jugendlichen zu arbeiten.

Selbst diejenigen, von denen viele Arbeitgeber und Kollegen – aufgrund ihrer Profession – erwarten und vermuten, längst in der letzten Phase des professionellen Handelns angekommen zu sein, sind es nicht bzw. sind es nicht von Anfang an automatisch gewesen. Im Studium und/oder „normalen" Arbeitsleben kann man sehr viel lernen, aber nicht alles. Und wenn man – wie ich – aus relativ geordneten familiären und beruflichen Verhältnissen zu einem Bildungsträger kommt und dort auf Jugendliche trifft, die sich nicht erwartungsgemäß verhalten, können die Übergänge bis zur letzten Phase manchmal ziemlich lange bis sehr lange dauern. Ich selbst hänge wohl noch in einigen Bereichen in der 3. Phase fest, mühe mich in vielen anderen noch mit in der 4. Phase ab und wähne mich hier und dort schon am Anfang der 5. Phase. Das bedeutet ständiges Dranbleiben. Ich bin sicher, wenn mir schon vor einigen Jahren jemand das erzählt hätte, was ich hier gerade im Begriff bin aufzuschreiben, dann hätte meine Zeit in den ersten beiden Phasen nicht so lange gedauert und wäre wohl auch nicht ganz so kräftezehrend und aufreibend gewesen. Allerdings kann kein Buch, kein Seminar und keine Erzählung vollbringen, dass man auch nur eine dieser Phasen auslassen und überspringen kann, aber sie können sehr wohl hilfreich sein, die Verweildauer in den einzelnen Phasen zu verkürzen und ihre Übergänge zu erleichtern.

Den Blickwinkel erweitern

„Nur ständige ernsthafte Reflexion kann den Entwicklungsprozess hin zu einer professionellen Sicht- und Handlungsweise beschleunigen."
(Anmerkung des Autors)

In Anbetracht der zuvor besprochenen Entwicklungsphasen kann es sicherlich nicht schaden, wenn man hin und wieder seine Betrachtungsweise in Bezug auf die Jugendlichen überprüft, um z. B. nicht vorschnell zu urteilen und unbestätigten Annahmen (Vorurteilen) aufzusitzen. Andernfalls kann es sehr leicht dazu kommen, dass man viel länger als nötig in der 1. Phase, mit all ihren kräftezehrenden Nebenwirkungen, festsitzt. Das ist nur allzu menschlich, aber nichtsdestotrotz wenig hilfreich! Aus diesem Grund sollte jedem stets bewusst sein, dass der Lebenszusammenhang, in dem diese Jugendlichen groß geworden und eingebunden sind, sie zu dem werden ließen, wo sie heute stehen.[3]

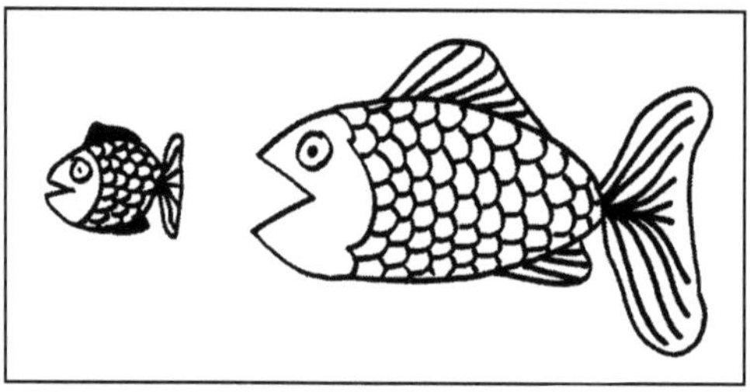

„Nehmen Sie sich bitte kurz Zeit und beschreiben Sie die Situation auf dem Bild oben.":

Die Kluft überbrücken

Nimmt man sich von Zeit zu Zeit mal einen Augenblick und betrachtet die Jugendlichen, ihr Umfeld und ihre Sorgen und Ängste etwas genauer, kann es dazu führen, dass man ihre Verhaltensweisen besser nachvollziehen und verstehen kann. Was nicht heißt, dass man sie gutheißen und so belassen soll! Es geht darum, das Verhalten der jungen Menschen, vor dem Hintergrund des

[3] Vgl. **Hiller 1997**, S. 8

Umfelds, in dem sie sich ständig aufhalten und leben, zu betrachten und zu beurteilen. Erst mit diesem Verständnis, kann man den Jugendlichen dabei helfen, die Kluft zwischen ihrem sie zumeist behindernden, realen Lebensumfeld bzw. dem Milieu, in dem sie aufgewachsen sind, und der Arbeitswirklichkeit auf dem ersten Arbeitsmarkt nach und nach zu überbrücken. Es geht darum, „Grenzgänger heranzubilden, die zu ihrem Herkunftsmilieu so viel Distanz entwickeln, dass sie mit realistischen Alternativen experimentieren und zeitweilig in ihnen zurechtkommen können“[4].

Die Jugendlichen brauchen kein Mitleid. Wem soll es auch nützen, wenn Jugendliche und Anleiter gemeinsam leiden, nebeneinander auf der Treppe der Hoffnungslosigkeit sitzen und sich weinend in den Armen liegen. Die Jugendlichen brauchen Ausbilder, Sozialpädagogen, Lehr- und Honorarkräfte, die ihre Situation verstehen und annehmen, auf der Seite der real existierenden Arbeitswelt verankert sind und sich dort auskennen. Anleiter, die jeden Tag mit ihrem Handeln dafür sorgen, dass sie die Kluft zwischen ihrem Herkunftsmilieu und der Arbeitswelt, die auf sie wartet, überbrücken können.

Anleiter müssen den Spagat hinbekommen, sich sowohl mit den Verhältnissen, in denen die Jugendlichen aufgewachsen sind und noch leben, individuell auseinanderzusetzen, als auch ihre vorrangige Aufgabe nicht aus den Augen zu verlieren, damit sie die Jugendlichen im Hier und Jetzt auf eine berufliche Zukunft auf dem ersten Arbeitsmarkt bestmöglich vorbereiten können. Und das geht eben nur, wenn man sie nicht ausschließlich mit dem allgemein verbindlichen gesellschaftlichen und arbeitsmarktpolitischen Anspruch an ihre Person konfrontiert. Dies führt i. d. R. nur zu ihrer Unterwerfung oder stößt bei ihnen auf massive Ablehnung und/oder Gleichgültigkeit. Um dem entgegenzuwirken, sollte man bei der Arbeit mit ihnen also ihre Lebenswelt zum Bezugspunkt bzw. Dreh- und Angelpunkt des Vorgehens machen, da ihre bisherige Lebensgeschichte sie nicht nur nachhaltig geprägt hat, sondern sie auch weiterhin bestimmen wird.[5]

[4] **Hiller 1997**, S. 8

[5] Vgl. **Hiller 1997**, S. 7f

Einstiegsthesen

In Gesprächen mit Kollegen wird schnell klar, dass es nicht den einen „richtigen" Weg oder die eine „wahre" Sichtweise gibt. Und so bleibt es niemandem erspart, sich selbst ein paar Gedanken zu diesen oder jenen Themen zu machen. Allerdings gibt es auch Dinge, über die man sich während der Arbeit mit (diesen) benachteiligten Jugendlichen im Klaren sein sollte oder über die man zumindest einmal nachgedacht haben sollte. Zu diesen Dingen gehören m. E. die Folgenden:

1. These:
Die Jugendlichen sind für ihre Situation und Defizite nicht verantwortlich!

„Kinder und Jugendliche werden heute nicht mehr aufgezogen, sondern wachsen einfach auf."
(Bernhard Bueb, deutscher Pädagoge)

Die Jugendlichen stehen morgens nicht auf und gehen mit dem Vorsatz zur Schule oder in eine Fördermaßnahme, um ihre Mitstreiter zu drangsalieren oder ihre Anleiter zur Weißglut zu treiben. Sie sind zuerst einmal das Produkt ihrer Erziehung und dessen, was das bisherige Bildungssystem sie hat werden und/oder bleiben lassen. Viele der Dinge, die sie tun oder auch nicht tun, machen sie nicht, weil sie es wollen, sondern weil sie es nicht anders bzw. besser können! Sich darüber aufzuregen und ständig ausrastend mit der Sanktionskeule zu drohen und/oder zuzuschlagen bringt da für alle Beteiligten gar nichts. Ausbilder, Sozialpädagogen, Lehr- und Honorarkräfte müssen die Lebenswirklichkeit der Jugendlichen mit mehr Realismus und weniger Vorurteilen sehen. Es geht letztlich um einen sowohl liebevoll-annehmenden als auch verbindlich-strengen Umgang mit den Jugendlichen. Liebevoll-annehmend, um ihnen als Person respektvoll-wertschätzend und freundlich Rechnung zu tragen. Verbindlich-streng, um sie ohne Ausnahmen bestimmt in alle notwendigen Richtungen zu lenken.

2. These:
Man kann und darf bei den Jugendlichen nichts als gegeben voraussetzen!

„Beide schaden sich selbst:
der, der zu viel verspricht und
der, der zu viel erwartet."
(Gotthold Ephraim Lessing, deutscher Dichter)

Wer sich von der Vorstellung oder den Gedanken, wie z. B. *„das müssten die aber doch eigentlich können oder wissen"*, verabschiedet, kann im Grunde nur positiv überrascht werden. Die Jugendlichen können meist leider nicht einmal die „einfachsten" Dinge. Womöglich hat sich bisher keiner die Zeit genommen oder die Geduld gehabt, ihnen beispielsweise zu zeigen, wie man eine Schleife bindet, Fahrrad fährt, eine Straßenkarte oder einen Busfahrplan liest. Einige wissen nicht einmal, wie man etwas ausschneidet, Wasser heiß macht und einen Tee zubereitet, Schuhe putzt, einen Fahrradschlauch flickt, Adjektive unterstreicht, ein Referat hält, irgendwo anruft, um etwas in Erfahrung zu bringen und, und, und.

Setzt man Dinge einfach voraus, ohne vorher zu klären, ob sie diese auch wirklich beherrschen, wird das – was auch immer – meist nichts. Im Gegenteil, weil sie sich schämen oder zu stolz sind, fragen sie nicht nach und sagen nicht, dass sie etwas nicht können. Es folgen meist irgendwelche unverständlich scheinenden Kompensationshandlungen zur Vertuschung, die ihre Situation häufig nur noch peinlicher machen.

3. These:

Die Dinge, die die Jugendlichen bewältigen können, müssen auch von ihnen selbst erledigt werden und dürfen ihnen nicht von ihren Anleitern abgenommen werden!

Auch dann, wenn es etwas länger dauern wird, sollen die Jugendlichen alles, was sie selbst erledigen können, auch unbedingt selbst erledigen! Es ist kein Ding, wenn man sie mit Rat und bloßer Anwesenheit unterstützt. Aber alles, was man ihnen unnötigerweise abnimmt, fördert ihre Bequemlichkeit und Neigung, die Verantwortung für ihre Angelegenheiten anderen zu überlassen. Das gilt z. B. für das Zusammenheften von Bewerbungsmappen, Ausfüllen von Formularen, Führen von Telefonaten, Klären offener Fragen mit Vermietern, Energieversorgern oder dem Praktikumsbetrieb.

> *Während eines Gesprächs mit einer Kollegin, ich glaube mich zu erinnern, dass es genau um dieses Thema ging, stimmte sie mir gerade zu, als sie sich plötzlich, wie von der Tarantel gestochen, einen Zettel von ihrem Tisch schnappte und hinter einer Teilnehmerin herlief. Als sie wieder zurück ins Büro kam, schüttelte sie nur mit dem Kopf und meinte, dass die – sie meinte die Jugendlichen – es wohl nie lernen würden, sich von alleine in die Anwesenheitsliste einzutragen! „Zumindest hat die jetzt keine Rennerei, wenn ihr einfällt, dass sie sich noch nicht eingetragen hat."*

Wenn die Jugendlichen, wie in dem Beispiel und im wahrsten Sinne des Wortes, alles hinterhergetragen bekommen, werden sie es auch sicher nicht lernen, was auch immer *es* ist. Diese junge Teilnehmerin hatte nicht einmal die Chance ihren Fehler zu bemerken, weil meine Kollegin von ihrem – wie sie es selbst nannte – Mutterinstinkt übermannt wurde. Wenn die Jugendlichen im Leben irgendwann mal alleine zurechtkommen sollen, müssen sie unbedingt lernen, ihre Angelegenheiten selbst zu regeln und Dinge, die ihrer Verantwortung unterliegen, eigenständig in die Hand zu nehmen. Auch dann, wenn dies hier und da mal einen gewissen Mehraufwand und vielleicht sogar mal Ärger bedeutet. Helfen: ja! Ihnen die eigentliche Arbeit abnehmen und wichtige Lernerfahrungen vorenthalten: nein!

4. These:

Anleiter müssen belastbare Vorbilder sein. Soziales und verantwortliches Handeln darf von den Jugendlichen nicht nur erwartet werden – es muss ihnen auch vorgelebt werden!

„Man muss begreifen, dass man manchmal Taube und manchmal Denkmal ist."
(Richard Tauber, österreichischer Tenor)

Ein **Vorbild** ist eine Person, die man wegen ihrer guten Eigenschaften so bewundert, dass man danach strebt, so zu werden wie sie. Zumeist junge Menschen identifizieren sich mit ihren Vorbildern und versuchen ihr Verhalten nachzuahmen.

Von den Jugendlichen wird in den Fördermaßnahmen einiges erwartet. Von ihnen wird z. B. erwartet, dass sie sich regelkonform verhalten, Motivation und Leitungsbereitschaft zeigen, ehrlich und pünktlich sind, sich an Absprachen halten und die Verantwortung für ihr Handeln übernehmen. Und von wem könnten sie sich all das am besten abschauen und lernen? Natürlich von ihren Ausbildern, Sozialpädagogen, Lehr- und Honorarkräften vor Ort in den Maßnahmen. Schließlich verbringen sie dort einen Großteil ihrer täglichen Zeit. Und aus diesem Grund brauchen sie dort auch belastbare Vorbilder, d. h. Personen, von denen sie auch im praktischen Umgang lernen können, was „richtig" ist und wie man sich anständig und angemessen verhält. Zumindest müssen sie selbst die Erwartungen erfüllen, die laut Konzept und Regelwerk an die Jugendlichen gestellt werden – das komplette Paket!

5. These:
Anleiter müssen gemeinsam eine einheitliche Linie verfolgen!

„Wenn über das Grundsätzliche keine Einigkeit besteht, ist es sinnlos, miteinander Pläne zu machen."
(Konfuzius, chinesischer Philosoph)

Die Art und Weise, wie sich die Anleiter innerhalb einer Maßnahme untereinander verständigen und zusammenarbeiten, hat erheblichen Einfluss auf die Entwicklung der Jugendlichen. Sie brauchen nicht nur das Gefühl von Sicherheit und Kontinuität, sondern real gelebte verbindliche Strukturen und Regeln, die ihren Maßnahmealltag für sie berechenbar und nachvollziehbar machen. Vor diesem Hintergrund geht es um klar erkennbare und nachvollziehbare Ursache-Wirkung Zusammenhänge, die für alle gleichermaßen gelten und nicht nur beliebig Anwendung finden: Transparenz und Fairness.

Gemeinsam, konsequent und nach außen mit einer einheitlichen Vorgehensweise aufzutreten, ist sicher nicht ganz einfach. Aber selbst dann, wenn man als Ausbilder, Sozialpädagoge, Lehr- oder Honorarkraft mit dem, was geregelt und abgesprochen wurde, nicht wirklich 100 %-ig einverstanden ist, weil man eine andere Sichtweise vertritt, muss man nach außen – gegenüber den Jugendlichen – eine gemeinsame Linie verfolgen und glaubhaft vertreten: keine Alleingänge! Nur ein schwarzes Anleiterschaf kann die Arbeit aller anderen massiv behindern und sogar mit einem Streich zunichtemachen, z. B. wenn man bei Herrn Meier im Unterricht sein Cap auflassen darf oder Frau Sibelius den Feierabend immer schon 15 Minuten früher einläutet. Die anderen Anleiter werden in ihrem Unterricht jedes Mal unnötige Diskussionen mit den Jugendlichen führen müssen, weil sie sich an die Regeln halten. Es ist also enorm wichtig, dass alle Mitarbeiter an einem Strang in dieselbe Richtung arbeiten – ähm – ziehen.

Diese Arbeit erfordert von allen Beteiligten ständig ein hohes Maß an Integrität, (Selbst-)Disziplin und Professionalität. Es geht in erster Linie um die Zukunft der Jugendlichen und nicht um persönliche Befindlichkeiten! Das Fundament einer guten (Zusammen)Arbeit bilden zumeist einige „einfache“ Bausteine. Jeder Kollege sollte ...

- in der Lage sein, die Fähigkeiten und Kompetenzen seiner Kollegen anzuerkennen und ihnen zu vertrauen.
- in der Lage sein, sein Handeln erklären und mögliche Hintergründe benennen zu können.
- sein Wissen und Können einbringen und mit den anderen teilen.
- etwas dazulernen wollen und auch mal neue Wege beschreiten.
- seine Vorgehensweise mit seinen Kollegen abstimmen.
- um Unterstützung bitten können.
- ...

6. These:

Die meisten Jugendlichen befinden sich nicht freiwillig in den Förder- und Qualifizierungsmaßnahmen!

Und zu guter Letzt darf man auf keinen Fall vergessen, dass die meisten Jugendlichen sich nicht immer aus freien Stücken in einer staatlichen Qualifizierungsmaßnahme aufhalten. Nicht selten finden sie sich plötzlich „freiwillig" in einer Maßnahme wieder, zu der sie beraten wurden und auf die sie eigentlich gar keinen Bock haben oder die sie womöglich über- oder unterfordert. „Ihre individuellen Interessen, insbesondere ihre Berufswünsche und Entwicklungsziele, werden dabei nicht berücksichtigt. In einem Fall berichtete ein junger Mann, dass er bereits zum dritten Mal in einer Berufsvorbereitung sei, die nicht seinem Berufswunsch gerecht werde."[6]

Außerdem werden einem in den Maßnahmen auch immer wieder Jugendliche begegnen, die nicht nur keine Lust haben, sondern, aufgrund ihrer geistigen Reife oder gesundheitlicher Probleme, völlig ungeeignet für diese Art der Qualifizierung oder Förderung sind. Wie auch immer, zumeist kommen die Jugendlichen mit ihrer körperlichen Anwesenheit nur ihrer, von der Arbeitsagentur eingeforderten, Mitwirkungspflicht nach, da ihnen andernfalls Leistungskürzungen drohen.

All dies sollte man unbedingt im Hinterkopf haben, wenn man sich aufmacht, um mit diesen Jugendlichen zu arbeiten. Da man i. d. R. keinen übermäßig wissbegierigen und strebsamen Musterschülern gegenüberstehen wird, die einem an den Lippen kleben und hoch motiviert zu Werke gehen, muss man erst einmal sehr viel von der notwendigen Begeisterung, Motivation und Neugier selbst generieren.

[6] **Heisler 2008**, S. 6

– Kapitel 2 –

Schlüssel-
kompetenzen

Schlüssel-kompetenzen

„Auch eine schwere Tür hat nur einen kleinen Schlüssel nötig."
(Charles Dickens, britischer Schriftsteller)

Schlüsselkompetenzen umfassen fachliche und überfachliche Fähigkeiten, die einen Menschen dazu befähigen, Probleme zu lösen, Aufgaben zu bewältigen und gesellschaftlichen Anforderungen gerecht zu werden. Zu diesen Fähigkeiten zählen u. a. persönliche, lebenspraktische, soziale, interkulturelle und methodische Kompetenzen.

Geht es um Schlüsselkompetenzen, geht es um sehr viel mehr als „hartes" Fachwissen. Es geht um „weiche" Fähigkeiten, die ein Menschen dazu nutzen und befähigen kann, den vielfältigen und komplexen Anforderungen des Alltags erfolgreich zu begegnen. Menschen jeden Alters benötigen dazu heute zahlreiche unterschiedliche Kompetenzen, um sich den anspruchsvollen Herausforderungen der heutigen Welt zu stellen und mit dem technologischen Wandel Schritt zu halten[7]. Um als junger Mensch heute einen Ausbildungsplatz zu bekommen, benötigt er neben akzeptablen Schulnoten noch einen ganzen Strauß weiterer Fähigkeiten, die Lehrherren heute als notwendig erachten, damit sie den Jugendlichen erfolgreich ausbilden können[8]. Diese Fähigkeiten werden gemeinhin auch gern als Soft Skills oder Schlüsselqualifikationen bezeichnet, weil sie der Schlüssel zum Erfolg sind.

Eine Wunsch- und Kompetenzenliste

Während die Jugendlichen natürlich gute Zeugnisse und Noten in Mathe, Deutsch und anderen Fächern brauchen, um überhaupt zu einem Bewerbungsgespräch eingeladen zu werden, sind es letztlich die „weichen" Kompe-

---

[7] Vgl. Definition und Auswahl von Schlüsselkompetenzen – Zusammenfassung, http://www.oecd.org/dataoecd/36/56/35693281.pdf, S. 6

[8] Vgl. Andreas Diehl – Was erwarten Ausbildungsbetriebe?, vom 15.12.2007, http://blog.azubister.net/was-erwarten-ausbildungsbetriebe/

tenzen (Soft Skills), die, neben aller notwendigen fachlichen Qualifikation, dafür verantwortlich sind, wenn sie am Ende einen Job oder Ausbildungsplatz bekommen. Welche Kompetenzen sind wichtig, damit Jugendliche in der heutigen Zeit einen ausbildungs- und sozialversicherungspflichtigen Arbeitsplatz finden und behalten können? Diese Frage wird häufig gestellt und immer wieder von Personalverantwortlichen kleinerer und größerer Unternehmen beantwortet. Aus diesen Antworten ergeben sich in schöner Regelmäßigkeit Kompetenzwunsch- und -anforderungslisten. Auf diesen Listen tauchen immer wieder die folgenden Kompetenzen auf, die ich in einzelne Kompetenzbereiche unterteile:

	Buch 1		
	Persönliche Kompetenzen	**Lebenspraktische Kompetenzen**	**Soziale Kompetenzen**
	#0100	#0200	#0300
#0010	Lern- und Leistungsbereitschaft	Sauberkeit und Hygiene	Umgang mit Kritik
#0020	Konzentrationsfähigkeit	Umgang mit Geld	Umgang mit Konflikten
#0030	Ausdauer und Belastbarkeit	Tagesstruktur und Freizeitgestaltung	Kooperationsbereitschaft und Teamfähigkeit
#0040	Sorgfalt und Gewissenhaftigkeit	Selbstversorgungs-kompetenz	Umgangsformen
#0050	Zuverlässigkeit	Erscheinungsbild	Toleranz
#0060	Rechts- und Unrechtsbewusstsein	Nutzung öffentlicher Verkehrsmittel	Durchsetzungsvermögen
#0070	Frustrationstoleranz	Pläne und Visionen	
#0080	Realistisches Selbstbild	Hilfe und Unterstützung suchen, finden und annehmen	
#0090	Sport- und Beweglichkeit		

Bei der Förderung benachteiligter Jugendlicher muss es immer um die Entwicklung, Verbesserung, Festigung und „Freischaltung“ bzw. „Anwendbarmachung“ dieser Schlüsselkompetenzen gehen. Nur so bekommen diese Jugendlichen noch echte Chancen auf neue berufliche Möglichkeiten und Perspektiven, die sie später zu einem selbstbestimmten Leben befähigen und ihnen eine umfassende Beteiligung an unserer Gesellschaft ermöglichen sollen.

Ausbilder, Sozialpädagogen, Lehr- und Honorarkräfte haben hier eine große Aufgabe vor sich, da die zu fördernden Jugendlichen oft nur wenige der berufsweltbezogene Tugenden und Werte, wie z. B. Fleiß, Durchhaltevermögen, Pünktlichkeit, Redlichkeit, Bescheidenheit, Genauigkeit und Pflichtbewusstsein verinnerlicht haben. Diese Kompetenzen können sich die Jugendlichen nicht mal eben draufschaffen. Schlüsselqualifikationen können auch nicht einfach mal eben in ein oder zwei Unterrichtsstunden oder einem Kurs vermittelt werden. Ein Großteil dieser Kompetenzen kann man quasi nur nebenbei über einen längeren Zeitraum durch Erfahrungen erwerben, erlernen und verinnerlichen. Das braucht Zeit, da es halt nicht nur darum geht, etwas über diese und jene Kompetenz zu wissen. Es geht vielmehr darum, diese Kompetenzen im Augenblick, da sie gebraucht werden, sicher zielgerichtet anwenden zu können.

Intelligenz vs. Soft Skills

„Intelligenz ist immer eine Frage der Wahl des richtigen Gegenübers."
(Unbekannt)

Intelligenz bezeichnet im weitesten Sinne die Fähigkeit, Zusammenhänge zu erkennen und optimale Problemlösungen zu finden.

Soft Skills sind Fähigkeiten, die über fachliches Wissen hinausgehen.[9] Sie umfassen z. B. persönliche und soziale Kompetenzen.

Auch diejenigen, die keine so großen Leuchten bzw. nicht so sehr mit Intelligenz geschlagen sind, haben – was ihre Zukunft angeht – nicht unbedingt etwas zu befürchten. Im Gegenteil! Intelligenz ist zwar wichtig, um sich theoretisches Wissen anzueignen und seine private und berufliche Zukunft zu planen. Entscheidend ist, wie clever man mit dem umgeht, was einem gegeben ist: die individuellen „weichen" Fähigkeiten (Soft Skills). Während Intelligenz wichtig ist, damit man etwas lernen, verstehen und nachvollziehen kann, sind Soft Skills maßgeblich für selbstständiges motiviertes Arbeiten und die Fähigkeit, gut mit anderen Menschen zusammenarbeiten zu können verantwortlich.

Und nun die Information zum Durchatmen:

Intelligenz trägt nur zu 20 Prozent zum Lebenserfolg bei!

Das weitaus größere Potenzial, sein privates und berufliches Glück zu finden, liegt somit in den Soft Skills! Wer wird wohl eher befördert oder für eine Gehaltserhöhung vorgeschlagen, derjenige, der mal eben die Quadratwurzel aus 169 im Kopf ziehen kann oder der, der es versteht, gut mit Kollegen und Vorgesetzten klarzukommen sowie positiv auf Kunden zu wirken. Wer wird wohl die größere Chance auf Erfolg haben, jemand der theoretisch weiß, wie man es machen müsste, oder derjenige, der es einfach tut und damit z. B. für Kundenzufriedenheit und Umsatz sorgt? Was letztendlich zählt, ist das Ergebnis, auch wenn man vielleicht härter darum kämpfen muss, überhaupt eine Chance zu bekommen.

---

[9] Vgl. **Peters-Kühlinger und John 2006**, S. 6

"Glück ist kein Geschenk der Götter,
sondern die Frucht innerer Einstellung."
(Erich Fromm, deutsch-amerikanischer Psychoanalytiker)

Und noch etwas: Während Intelligenz durch Geburt und Erziehung weitgehend festgelegt ist, kann man seine Soft Skills jederzeit entwickeln und ausbauen![10]

Ich habe einige Jugendliche kennenlernen dürfen, die nicht wirklich durch ihre Intelligenz und guten Noten geglänzt haben. Allerdings besaßen einige von ihnen das Talent oder – besser gesagt – waren clever genug, sich auf die vorherrschenden Gegebenheiten und Situationen einzulassen. Sie haben viel von ihren Ausbildern und Lehrkräften gelernt. Während die intelligenten Teilnehmer – die übrigens auch zuhauf in Fördermaßnahmen anzutreffen sind – meist nur versucht haben, sich „intelligent" der Maßnahme zu entziehen, sind die „cleveren" Jugendlichen in Praktika, in Prüfungen und später bei der Jobsuche erfolgreich an ihnen vorbeigezogen.

Man kann so intelligent sein wie man will. Wenn man sich wie ein „Vollarsch" verhält, wird einem kaum jemand zuhören und es wird wohl auch kaum einer mit so jemandem zusammenarbeiten wollen. Da nützt Intelligenz gar nichts. Gefragt sind Verlässlichkeit, Ehrlichkeit, Fairness, Freundschaft und Engagement. Also „Kopf hoch!" und auf keinen Fall „den Sand in den Kopf stecken".

[10] Vgl. **Mühleisen und Oberhuder 2005**, S.23

Einschätzen von Kompetenzen

***„Habe keine zu künstliche Idee vom Menschen,
sondern urteile natürlich über ihn,
halt ihn weder für zu gut noch zu böse."***
(Georg Christoph Lichtenberg, deutscher Schriftsteller)

Bevor man nun überhaupt sagen kann, in welchen Kompetenzbereichen die Jugendlichen am meisten Unterstützung benötigen und in welchen Bereichen eher weniger, muss man sie erst einmal genauer unter die Lupe nehmen. Am besten kann man ihren Kompetenzstand wohl dadurch erfassen, dass man sie und ihr Verhalten „in freier Wildbahn" beobachtet. „In freier Wildbahn" meint, dass man die Jugendlichen in realen Alltagssituationen beobachtet und nicht in gestellten (Rollenspiel)Situationen. Solche Beobachtungen sind sehr aussagekräftig, wenn sich die jungen Leute unbeobachtet fühlen, z. B. während der Pausen oder Unterrichtseinheiten. Dazu sollte man sie über einen längeren Zeitraum beobachten, um den Stand ihrer Kompetenzen vor dem Hintergrund wiederkehrender Verhaltensweisen zu erheben. Da man bekanntlich niemandem hinter die Stirn in den Kopf gucken kann, muss man eben das Verhalten der Jugendlichen in unterschiedlichen Situationen möglichst richtig deuten und einschätzen können.

Da für ein vernünftiges Profiling im Grunde nie Zeit, Personal und Geld zur Verfügung steht, brauchen Ausbilder, Sozialpädagogen, Lehr- und Honorarkräfte zur individuellen Einschätzung der Jugendlichen ein relativ einfach anzuwendendes und schnelles Instrument. Aus diesem Grund biete ich Ihnen in diesem Buch eine Einschätzungsmatrix an, die vier Ausprägungsstufen hat: „nicht erkennbar", „entwicklungsfähig", „entwickelt" und „zu viel". Sie soll Ihnen eine relativ einfache Kompetenzeinschätzung Ihrer Teilnehmer ermöglichen.

Schlüsselkompetenz			
„nicht erkennbar"	**„entwicklungsfähig"**	**„entwickelt"**	**„zu viel"**
Die Kompetenz ist nicht vorhanden bzw. sicht- oder wahrnehmbar.	Die Kompetenz ist im Ansatz erkennbar, sie wird nur nicht immer um- oder eingesetzt.	Die Kompetenz wird der Situation angemessen bzw. passend und sozial erwünscht eingesetzt.	Die Kompetenz wird in ihrer Anwendung übertrieben.

Beispiele für „Sorgfalt und Gewissenhaftigkeit“			
„nicht erkennbar“	**„entwicklungsfähig“**	**„entwickelt“**	**„zu viel“**
Hier gibt sich jemand gar keine Mühe und tut, wenn überhaupt, nur das Nötigste.	Hier arbeitet jemand nur sorgfältig und gewissenhaft, wenn er Lust dazu hat und auch nur genau so lange.	Jemand bearbeitet alle Arbeiten mit der gleichen Sorgfalt und Gewissenhaftigkeit, auch wenn es ihm keinen Spaß macht.	Jemand arbeitet so genau und penibel, dass er mit Arbeitsaufträgen nicht bzw. nicht in der zur Verfügung stehenden Zeit fertig wird.

Dieses Instrument kann jederzeit erweitert und angepasst werden, damit es individuellen Einschätzungen besser gerecht wird und z. B. auch in Teamsitzungen, wenn die Jugendlichen besprochen werden, kontextbezogen angewendet werden kann. Im Team könnten die zusammengetragenen Beobachtungen eine deutlichere Einschätzung der Jugendlichen, vor dem Hintergrund einer gemeinsam genutzten Skala, ermöglichen. Außerdem kann auch die Entwicklung der Jugendlichen über einen längeren Zeitraum verfolgt und dokumentiert werden.

– Kapitel 3 –

Persönliche Kompetenzen

Persönliche Kompetenzen

„In der Aufstellung unserer Grundsätze sind wir strenger als in ihrer Befolgung."
(Theodor Fontane, deutscher Schriftsteller)

Persönliche Kompetenz bezeichnet die Fähigkeit und Bereitschaft eines Menschen, seine eigenen Begabungen zu entfalten sowie Lebenspläne zu fassen und fortzuentwickeln. Ferner bedeutet persönlich kompetent zu sein, dass man seine eigenen Fähigkeiten und Stärken kennt und damit situationsgerecht und zielorientiert umgehen kann.

Viele Jugendliche, die nach der Schulzeit keinen Ausbildungsplatz finden und in einer Fördermaßnahme auftauchen, wollen ihre Zeit möglichst weiter in freizeitorientierter Schonhaltung verbringen – so wie sie es wohl von zu Hause und aus der Schule gewohnt sind. So gehören z. B. regelmäßiges Erscheinen, Pünktlichkeit und das Befolgen von Regeln und Anweisungen nicht immer unbedingt zu ihren Vorlieben. Den Jugendlichen fehlt der „Drive", sich für etwas mit Haut und Haaren einzusetzen und anzustrengen. Konfrontiert man sie mit ihrem (Fehl)Verhalten, reagieren sie oft aggressiv oder ziehen sich in ihren Schmollwinkel zurück. Jugendliche, die so drauf sind, kann leider kein Ausbildungsbetrieb gebrauchen.

Ohne wirkungsvolle Unterstützung und die Entwicklung ihrer persönlichen Kompetenzen haben sie derzeit nur sehr wenig Aussicht auf eine erfolgreiche Berufsausbildung, die sie danach auf eigenen Beinen stehen lässt. Die Zeit dafür wird mit jedem verstreichenden Jahr knapper. Die Jugendlichen müssen sich schleunigst in vielen Bereichen (weiter-)entwickeln. Sie müssen u. a. lernen (an sich) zu arbeiten, auch wenn sie keiner antreibt; mal „hart" gegen sich selbst zu sein und Dinge nicht unnötig aufzuschieben und zu erledigen, auch wenn es schwerfällt. Sie müssen lernen sich zu strukturieren, organisieren und motivieren, um während der Maßnahme und später im Beruf ein verlässlicher und leistungsfähiger Partner zu sein zu können.

In diesem Kapitel „Persönliche Kompetenzen“ – und auch den anderen Kapiteln dieses Buches – werde ich all jene Kompetenzen behandeln, die für den privaten und beruflichen Erfolg der Jugendlichen unabdinglich sind. Zu diesem zweck werde ich

1. jeder Kompetenz einen kurzen Überblick über den Stand der Dinge voranstellen,
2. differenzierte Kompetenzeinschätzungen vornehmen, die jederzeit erweitert und angepasst werden können und
3. am Ende für jede Kompetenz einige konkrete Entwicklungsmöglichkeiten anbieten, die im 2. Arbeitsbuch näher erläutert werden.

Lern- und Leistungsbereitschaft

„Persönlichkeiten werden nicht durch schöne Reden geformt, sondern durch Arbeit und eigene Leistung."
(Albert Einstein, deutscher Physiker)

Lern- und Leistungsbereitschaft zu zeigen bedeutet, wirklich arbeitswillig zu sein und sich mit seiner Arbeit und seinen Aufgaben voll zu identifizieren und sich so lange mit Energie und Ausdauer einzubringen, bis sie zu einem erfolgreichen Abschluss gebracht wurden.

Wie es aussieht, verspürt ein nicht unerheblicher Teil der Jugendlichen, die sich bei Bildungsträgern tummeln, keinerlei Tatendrang, ist stumm und lethargisch. Ihr Lieblingsfach heißt Schwänzen und „den lieben Gott einen guten Mann sein lassen". Anstatt in die Hände zu spucken und anzupacken, sitzen sie lieber zu Hause vor dem Fernseher und ballern mit ihrer Game Station auf Aliens. Manchmal schwänzen sie die Maßnahme sogar im Gebäude des Bildungsträgers, um sich im Pausenraum oder den Toiletten mit ihren Kumpels zu treffen und abzuhängen.

Bei Jugendlichen scheint die Bereitschaft, sich für ein Ziel zu quälen und zu schwitzen, bereits im zarten Alter von 14/15 Jahren drastisch abzunehmen. Dieses Phänomen macht sich auch in den Sportvereinen bemerkbar, dort nimmt die Stärke der Sportgruppen in dieser Altersklasse häufig um drei Viertel ab. Die Jugendlichen haben immer weniger Bock, zu festgelegten Zeiten irgendwo aufzukreuzen und sich dann auch noch von jemandem sagen zu lassen, was sie tun sollen oder rumkommandieren zu lassen. Auch in anderen Zusammenhängen gilt sehr häufig: Wenn sich Erfolg nicht von alleine einstellt, ist die Bereitschaft dafür zu kämpfen nahe null. Im Sportunterricht ist es längst keine Schande mehr, der Letzte im Lauf zu sein oder einen Ball nicht fangen zu können. Während sie als Grundschüler mit einer Fünf vielleicht noch vor Scham im Boden versunken wären, gehören derartige „Ausrutscher" bei so manchem Jugendlichen heute zum guten Ton. Sie prahlen sogar mit ihren schlechten Noten und versuchen sich gegenseitig mit ihren miesen Leistungen auszustechen.[11] Lern- und Leistungsbereitschaft ist spätestens in der Schule, wenn man als Streber angestempelt zu werden droht, out. Bloß nicht weiter

[11] Vgl. Michael Schulz: Leistungsbereitschaft von Jugendlichen: Saftladen elender!, 04.05.2009, http://www.blauenarzisse.de/index.php/anstoss/822-leistungsbereitschaft-von-jugendlichen-saftladen-elender

unangenehm bei den Kumpels auffallen! Im Grunde reicht es ja, wenn man unauffällig im Schnitt liegt. Und wenn der Schnitt nicht so hoch ist, auch nicht schlimm. Am Ende der Schulzeit ist dann Schluss mit lustig. Die jahrelang tolerierte Lust- und Antriebslosigkeit wird plötzlich nicht mehr hingenommen. Mangelnde Lern- und Leistungsbereitschaft führt u. a. dazu, dass diese Jugendlichen keinen Ausbildungsplatz bekommen oder überhaupt ernsthaft nach einem suchen. Sie melden sich beim Arbeitsamt und dort werden sie in eine Fördermaßnahme gesteckt. Hier bekommen sie noch einmal die Chance auf Unterstützung, um an ihrer Lern- und Leistungsbereitschaft zu arbeiten.

Einschätzung: Lern- und Leitungsbereitschaft

Hier geht es erst einmal um die Beurteilung der individuellen Lern- und Leistungsbereitschaft von Jugendlichen. Man kann ihnen z. B. eine angemessene Lern- und Leistungsbereitschaft attestieren, wenn sie während der Maßnahme freiwillig mitarbeiten, Zusatzaufgaben ohne Zwang übernehmen, Eigeninitiative zeigen und evtl. auch den Unterricht aktiv mitgestalten. Die folgende Tabelle soll bei der Einschätzung dieser Fähigkeit behilflich sein:

Lern- und Leistungsbereitschaft			
„nicht erkennbar"	**„entwicklungsfähig"**	**„entwickelt"**	**„zu viel"**
Phlegmatisch, träge	Lustbetonte Mitarbeit	Engagiert, beflissen, eifrig	Übereifrig
Beteiligt sich nicht am Unterricht.	Arbeitet nur mit, wenn er Lust auf das Thema hat, dann allerdings sehr engagiert.	Arbeitet auch aktiv und konstruktiv, wenn es ihm eigentlich keinen Spaß macht. Erledigt die Dinge, die getan werden müssen.	Reißt alle Jobs an sich und lässt anderen keine Chance, auch Aufgaben zu übernehmen.
Drückt sich vor Aufgaben und Arbeiten, wo es geht.			
Tut nur so, als ob er etwas tut und kann keine Ergebnisse vorweisen.	Arbeitet unmotiviert mit und liefert nur das notwendigste Ergebnis ab.	Bearbeitet Aufgaben ohne zu murren auch über die Arbeitszeit hinaus, wenn es notwendig scheint.	Gibt den „Klugscheißer", der alles weiß und alles kann.

„nicht erkennbar“	„entwicklungsfähig“	„entwickelt“	„zu viel“
Wirkt desinteressiert, beschäftigt sich mit anderen Dingen.	Lässt den Hammer fallen, sobald die Zeit um ist.	Lässt den Hammer nicht gleich fallen, wenn Feierabend ist.	
Erscheint ständig unpünktlich oder gar nicht. Verschwindet zwischendurch oder haut einfach ab.	Will ständig Pausen aushandeln und früher gehen können.	Fragt nicht nach „früher Schluss“, sondern arbeitet, solange es notwendig ist und in der Situation Sinn macht.	Möchte nach Beendigung des Unterrichts nicht nach Hause gehen.
		Übernimmt auch Zusatzaufgaben (Klassensprecher, Ordnungsdienst, unterstützt Mitschüler, freiwillige Dienste für die Klasse, etc.)	
		Aktive Mitarbeit / Gestaltung des Unterrichts	

Entwicklungsmöglichkeiten und -bereiche: Lern- und Leistungsbereitschaft

„Charakterstärke entwickelt sich langsam, kann aber sehr schnell nachlassen.“
(Faith Baldwin, amerikanische Schriftstellerin)

Eine grundlegende Bedingung für die erfolgreiche Durchführung einer Ausbildung ist ein Mindestmaß an Lern- und Leistungsbereitschaft der Auszubildenden. Sie müssen die Arbeit und Ausbildung als positiven Bestandteil ihres eigenen Lebens verstehen und nicht als notwendiges Übel, das sie daran hindert, ihre Freizeit in freizeitorientierter Schonhaltung zu verbringen. Jugendliche benötigen Wünsche und Ziele, die sich in diesem Förderzusammenhang optimalerweise mit einer Ausbildung erreichen lassen. Bei ihnen muss u. a. das Interesse daran geweckt werden, Neues hinzulernen zu wollen. Es braucht den Funken, der sie sich für etwas begeistern lässt – etwas, wofür sie sich auch engagieren wollen. Selbst dann, wenn dies mit Schwierigkeiten, Anstrengungen und Schweiß verbunden ist. Die Jugendlichen müssen lernen, Neuem gegenüber offen zu sein, Einsatzbereitschaft zu zeigen und auch mal ohne zu murren ´ne halbe Stunde länger zu bleiben. Sie müssen dazu befähigt werden, Aufgaben und Verantwortung zu übernehmen, indem sie freiwillig ihre Komfortzone verlassen. Das Ziel besteht weiter darin, dass sich die Jugendlichen irgendwann einer Aufgabe so lange widmen können und wollen, bis sie erfolgreich erledigt ist.

In diesem Abschnitt geht es darum, was konkret getan werden kann, um die Anstrengungs- bzw. Lern- und Leistungsbereitschaft von jungen Menschen zu erhöhen.

Rahmenbedingungen (Lern- und Leistungsbereitschaft)		
Bewertungsfreie Lehr- und Lernräume	Buch 2	#1110 Seite 183
Lernbegünstigende Arbeitsumgebung		#1111 Seite 185
Kleine Unterrichts- und Arbeitsgruppen		#1112 Seite 191
Homogene Gruppenzusammensetzung		#1113 Seite 196
Morgendliches Briefing		#1114 Seite 200
Zwischen Denk-/Lern- und Kreativphasen wechseln		#1115 Seite 202
Kleine freiwillige Aufgaben für zu Hause		#1116 Seite 207
Geeignete Lehr- und Lernmaterialien		#1117 Seite 209

Unterrichtsplanung (Lern- und Leistungsbereitschaft)		
Kleinschrittige Arbeits- und Vorgehensweise	Buch 2	#2110 Seite 287
Zeit zum Üben		#2111 Seite 296
Ergebnisse besprechen, vergleichen und korrigieren		#2112 Seite 302
Aktivierende Unterrichts- und Arbeitsmethoden		#2113 Seite 312
Alltagsbezüge herstellen		#2114 Seite 336
Arbeit in Projekten		#2115 Seite 338

Unterrichtsdurchführung (Lern- und Leistungsbereitschaft)		
Transparenz schaffen	Buch 2	#3110 Seite 379
Leistungen anerkennen		#3111 Seite 381
Zu „dummen“ Fragen motivieren		#3112 Seite 389
Jeder hilft jedem!		#3113 Seite 391
Wertschätzung und respektvoller Umgang		#3114 Seite 393
Anspornen		#3115 Seite 410
Rituale		#3116 Seite 414
Ständige Ansprechpartner		#3117 Seite 420

Sozialpädagogische Einzelinterventionen **(Lern- und Leistungsbereitschaft)**		
1. Phase: Situations- und Problembeschreibung	Buch 2	Ein Beispiel finden Sie auf Seite 459.
2. Phase: Zielerarbeitung		
3. Phase: Standortbestimmung		
4. Phase: Maßnahmen definieren		
5. Phase: Umsetzung begleiten		

Sozialpädagogische Gruppeninterventionen **(Lern- und Leistungsbereitschaft)**		
Themen und Inhalte, die geeignet sind, die „Lern- und Leistungsbereitschaft“ der Jugendlichen zu steigern, wie z. B. ... - künstlerisches Arbeiten und Gestalten (Modellieren, Malen, Tanzen etc.) - ...		
Erlebnispädagogische Elemente	Buch 2	#5110 Seite 495

Konzentrationsfähigkeit

„Konzentration heißt, alle Aufmerksamkeit auf einen Punkt zu leiten."
(Unbekannt)

Unter **Konzentration** versteht man die Fähigkeit, die gesamte Aufmerksamkeit auf eine Person oder einen Gegenstand zu fokussieren. Die Fähigkeit zur Konzentration ist nicht von Geburt an in einem gewissen Maße fest vorhanden, sondern stellt einen Reifungsprozess dar und muss sozusagen erlernt werden.[12]

Die Konzentrationsfähigkeit von Jugendlichen hat in den letzten Jahrzehnten in besorgniserregendem Ausmaß abgenommen. Immer weniger Jugendliche sind heute in der Lage, sich 15 oder sogar 30 Minuten auf eine Sache zu konzentrieren. So fällt es ihnen z. B. häufig sehr schwer, Aufgaben, die ihre volle Aufmerksamkeit benötigen, erfolgreich zu bewältigen oder Erklärungen von Ausbildern und Lehrkräften bis zum Ende zu folgen, da sie bereits nach kurzer Zeit mit ihren Gedanken ganz woanders sind. Jugendliche, die sich nicht recht konzentrieren können, stehen sehr oft bereits nach kurzer Praktikums- oder Ausbildungszeit wieder auf der Straße, da im echten Berufsleben Vorgesetzte und Ausbilder kaum die Zeit und Energie haben, jemandem immer und immer wieder die gleichen Dinge aufs Neue zu erklären und ihm ständig über die Schulter zu sehen. Wer im Berufsleben stehen und bestehen will, muss in der Lage sein, nach einer gewissen Einarbeitungszeit ihm übertragene Aufgaben eigenständig und konzentriert zu erledigen.

[12] Vgl. http://www.dr-gumpert.de/html/konzentrationsschwaeche.html, Stand: 22.12.2010

Einschätzung: Konzentrationsfähigkeit

Bei der Einschätzung ihrer Konzentrationsfähigkeit muss man die Jugendlichen mal etwas genauer beobachten, um einschätzen zu können, ob und unter welchen Umständen sie sich konzentrieren oder eben auch nicht konzentrieren können. Die folgende Tabelle kann bei der Beurteilung ihrer Konzentrationsfähigkeit helfen:

Konzentrationsfähigkeit			
„nicht erkennbar"	**„entwicklungsfähig"**	**„entwickelt"**	**„zu viel"**
		konzentriert, arbeitstauglich	Verbissen, total in die Aufgabe versunken.
Kann gar nicht mit der Arbeit beginnen. Findet den Einstieg nicht.	Kann über einen kurzen Zeitraum konzentriert arbeiten.	Arbeitet auch (noch) konzentriert, wenn der Geräuschpegel steigt.	Ist total in die Aufgabe versunken und bekommt von dem, was um ihn herum passiert, nichts mit. Reagiert z. B. nicht auf direkte Ansprache.
	Solange er nicht abgelenkt wird, z. B. durch Lautstärke, kann er konzentriert arbeiten.		

Entwicklungsmöglichkeiten und -bereiche: Konzentrationsfähigkeit

„Konzentration ist die Kunst, dort zu sein, wo man ist."
(Andreas Tenzer)

Ein gewisses Maß an Konzentrationsfähigkeit wird von vielen Anleitern oft als selbstverständlich vorausgesetzt. Sicherlich mit ein Grund dafür, sich im Unterrichtsvorfeld wenig Gedanken darüber zu machen, wie man den Konzentrationsdefiziten der Jugendlichen angemessen begegnen kann. Aufforderungen, wie z. B.

"Los jetzt, konzentriere dich mal!", nützen da nur wenig. Ein sehr wichtiger Punkt, um Ursachen für Konzentrationsprobleme zu entdecken und dann abzustellen, beruht, neben der genauen Beobachtung der Jugendlichen, auch auf der Wahrnehmung der Rahmenbedingungen, in denen der Unterricht stattfindet. Ist es beispielsweise sehr laut, knurrt einigen der Magen, ist es zu eng? Solche und andere Beobachtungen tragen zumeist schon mögliche Lösungen in sich.

Nun wird es darum gehen, was im Rahmen der Maßnahmen getan werden kann, um die Konzentrationsfähigkeit der jungen Menschen zu fördern und zu verbessern.

Rahmenbedingungen (Konzentrationsfähigkeit)		
Bewertungsfreie Lehr- und Lernräume	Buch 2	#1110 Seite 183
Kleine Unterrichts- und Arbeitsgruppen	Buch 2	#1112 Seite 191
Zwischen Denk-/Lern- und Kreativphasen wechseln	Buch 2	#1115 Seite 202
Ablenkungsfreie Arbeitsumgebung	Buch 2	#1120 Seite 211
Angebot regelmäßiger Mahlzeiten	Buch 2	#1121 Seite 217

Unterrichtsplanung
(Konzentrationsfähigkeit)

Lerntypenorientierte Arbeitsmethoden	Buch 2	Seite 279
Kleinschrittige Arbeits- und Vorgehensweise		#2110 Seite 287
Zeit zum Üben		#2111 Seite 296
Ergebnisse besprechen, vergleichen und korrigieren		#2112 Seite 302
Aktivierende Unterrichts- und Arbeitsmethoden		#2113 Seite 312

Unterrichtsdurchführung
(Konzentrationsfähigkeit)

Anspornen	Buch 2	#3115 Seite 410
Den Spannungsbogen aufrechterhalten		#3120 Seite 422
Konzentrationsspiele und -übungen		#3121 Seite 427
Erholungspausen und Entspannungsübungen		#3122 Seite 433

Sozialpädagogische Einzelinterventionen
(Konzentrationsfähigkeit)

1. Phase: Situations- und Problembeschreibung	Buch 2	Ein Beispiel finden Sie auf Seite 460.
2. Phase: Zielerarbeitung		
3. Phase: Standortbestimmung		
4. Phase: Maßnahmen definieren		
5. Phase: Umsetzung begleiten		

Sozialpädagogische Gruppeninterventionen
(Konzentrationsfähigkeit)

Erlebnispädagogische Elemente	Buch 2	#5110 Seite 495

Ausdauer und Belastbarkeit

„Ausdauer wird früher oder später belohnt – meistens aber später.

(Wilhelm Busch, deutscher Schriftsteller)

Von **Ausdauer** kann man sprechen, wenn jemand auch dann nicht aufgibt, wenn nicht immer alles glatt läuft und sich der gewünschte Erfolg nicht sofort einstellt.

Von **Belastbarkeit** kann man sprechen, wenn jemand auch unter widrigen Umständen konzentriert weiterarbeiten kann.

Immer weniger Jugendliche besitzen die Ausdauer, gegen innere und äußere Widerstände eine Sache so lange zu verfolgen, bis sie diese zu Ende gebracht haben. Wenn sie auf etwas keinen Bock mehr haben, weil es vielleicht nicht ganz so klappt wie sie es sich vorgestellt haben, geben sie einfach auf. Es gibt aber auch jene, die vieles gleichzeitig anfangen und nichts davon zu Ende bringen. Noch während sie an einer Sache werkeln, kommt ihnen etwas Neues in den Sinn, mit dem sie dann sofort loslegen müssen und der Rest bleibt unerledigt.

Allerdings ist es eins, an einer Sache dran bleiben zu können und damit Ausdauer zu beweisen. Dem Zeit- und Erwartungsdruck und widrigen Umständen zu trotzen und am Ende brauchbare Ergebnisse abzuliefern, ist noch mal etwas ganz anderes. Selbst diejenigen, die etwas Ausdauer mitbringen, knicken häufig ein, wenn sie sich unter Druck gesetzt fühlen und/oder ihre Umgebung als Belastung empfinden (Lärm, Temperatur, Lichtverhältnisse etc.). Im Unterricht, Praktikum oder in der Ausbildung brauchen sie immer jemanden, der neben ihnen steht und sie wieder auf die Spur setzt und motivierend die Peitsche schwingt.

Einschätzung: Ausdauer

Um einschätzen zu können, wie zielorientiert, beharrlich und ausdauernd einzelne Jugendliche ihre Aufgaben erledigen und arbeiten, kann man sich an der folgenden Tabelle orientieren, die natürlich jederzeit um konkrete Indikatoren erweitert werden kann.

Ausdauer			
„nicht erkennbar"	**„entwicklungsfähig"**	**„entwickelt"**	**„zu viel"**
Gibt sofort auf und fängt erst gar nicht mit der Bearbeitung von Aufgaben an.	Gibt bei Schwierigkeiten sehr schnell auf.	Gibt auch bei Schwierigkeiten und Rückschlägen nicht auf. Sucht nach anderen Möglichkeiten.	Arbeitet total verbissen an einer Aufgabe, ohne auf andere Dinge zu achten.

Einschätzung: Belastbarkeit

„Charakterstärke entwickelt sich langsam, kann aber sehr schnell nachlassen."
(Faith Baldwin, amerikanischer Schriftsteller)

Um einschätzen zu können, wie belastbar einzelne Jugendliche auch unter widrigen Umständen sind, kann man sich an der folgenden Tabelle orientieren.

Belastbarkeit			
„nicht erkennbar"	**„entwicklungsfähig"**	**„entwickelt"**	**„zu viel"**
Lässt sich sehr leicht ablenken und findet nicht zur Aufgabe zurück.	Lässt sich ablenken, findet nach einiger Zeit wieder zur Aufgabe zurück.	Macht auch unter schwierigen Rahmenbedingungen (Lautstärke, Zeitdruck etc.) einen guten Job.	./.
Chronische Krankheiten		Kann gut mit Stress umgehen.	

Entwicklungsmöglichkeiten und -bereiche: Ausdauer und Belastbarkeit

„Die Kunst ist, einmal mehr aufzustehen, als man umgeworfen wird."
(Winston Churchill, britischer Politiker)

Die Jugendlichen müssen nun unbedingt lernen nicht vorzeitig aufzugeben; zu arbeiten, auch dann, wenn es niemanden gibt, der sie antreibt; mal hart gegen sich selber zu sein, weiterzumachen und sich durchzubeißen und auch ungeliebte Dinge nicht unnötig aufzuschieben. Es geht darum, dass sie ein arbeits- und berufstaugliches Maß an Ausdauer und Belastbarkeit entwickeln, damit sie so lange „am Ball" bleiben, bis ihre Aufgaben erledigt sind. Auch da durchzuhalten, wo es mal schwierig wird und beharrliches und ausdauerndes Arbeiten erforderlich ist.

Was kann also getan werden, damit Jugendliche ausdauernder und belastbarer ins Berufsleben starten können?

Rahmenbedingungen (Ausdauer und Belastbarkeit)		
Bewertungsfreie Lehr- und Lernräume	Buch 2	#1110 Seite 183
Kleine Unterrichts- und Arbeitsgruppen		#1112 Seite 191
Homogene Gruppenzusammensetzung		#1113 Seite 196
Zwischen Denk-/Lern- und Kreativphasen wechseln		#1115 Seite 202
Ablenkungsfreie Arbeitsumgebung		#1120 Seite 211
Angebot regelmäßiger Mahlzeiten		#1121 Seite 217

Unterrichtsplanung
(Ausdauer und Belastbarkeit)

Kleinschrittige Arbeits- und Vorgehensweise	Buch 2	#2110 Seite 287
Aktivierende Unterrichts- und Arbeitsmethoden	Buch 2	#2113 Seite 312

Unterrichtsdurchführung
(Ausdauer und Belastbarkeit)

Jeder hilft jedem!	Buch 2	#3113 Seite 391
Anspornen	Buch 2	#3115 Seite 410
Ständige Ansprechpartner	Buch 2	#3117 Seite 420
Aktive Erholungspausen oder Entspannungsphasen	Buch 2	#3122 Seite 433

Sozialpädagogische Einzelinterventionen
(Ausdauer und Belastbarkeit)

1. Phase: Situations- und Problembeschreibung	Buch 2	Ein Beispiel finden Sie auf Seite 461.
2. Phase: Zielerarbeitung		
3. Phase: Standortbestimmung		
4. Phase: Maßnahmen definieren		
5. Phase: Umsetzung begleiten		

Sozialpädagogische Gruppeninterventionen
(Ausdauer und Belastbarkeit)

Erlebnispädagogische Elemente	Buch 2	#5110 Seite 495

Sorgfalt und Gewissenhaftigkeit

„Der größte Feind der Qualität ist die Eile."
(Henry Ford, Gründer von Ford)

Von **Sorgfalt** kann man sprechen, wenn jemand bei seiner Arbeit gründlich vorgeht und dabei alle wesentlichen Aspekte beachtet.

Von **Gewissenhaftigkeit** kann gesprochen werden, wenn jemand ihm übertragene Arbeiten ordentlich, genau und sauber ausführt.

Die Arbeitshaltung so manches Jugendlichen ist von einer „Hauptsache fertig werden, egal wie"-Mentalität geprägt. Die Qualität ihrer Arbeitsergebnisse steht bei ihnen nicht unbedingt an vorderster Stelle: Hauptsache durch und gut! Alles locker angehen und schnell – husch, husch, husch – erledigen, um irgendwie fertig zu werden. Wenn sie ihren Praktikums- oder Ausbildungsplatz nicht aufgrund von Verspätungen verlieren, dann aber spätestens dann, wenn ihre Arbeitsleistung ein Mindestmaß an Sorgfalt und Gewissenhaftigkeit vermissen lässt und ihre Kollegen oder Vorgesetzten ständig hinter ihnen herarbeiten müssen, um ihre Fehler auszubügeln. Da muss doch noch mehr drin′ sein, oder?

Einschätzung: Sorgfalt und Gewissenhaftigkeit

Bei der Einschätzung, ob und wie sorgfältig und gewissenhaft die einzelnen Jugendlichen bei ihrem Tun zu Werke gehen, soll die folgende Tabelle helfen.

Sorgfalt und Gewissenhaftigkeit			
„nicht erkennbar“	„entwicklungsfähig“	„entwickelt“	„zu viel“
Völlig desinteressiert	Lustgesteuert engagiert	Pflichtbewusst, genau	Übertrieben genau
Hier gibt sich jemand gar keine Mühe und tut, wenn überhaupt, nur das Nötigste.	Hier arbeitet jemand nur sorgfältig und gewissenhaft, wenn er Lust dazu hat und auch nur genau so lange.	Jemand bearbeitet alle Arbeiten mit der gleichen Sorgfalt und Gewissenhaftigkeit, auch wenn es ihm keinen Spaß macht.	Jemand arbeitet so genau und penibel, dass er mit Arbeitsaufträgen nicht bzw. nicht in der zur Verfügung stehenden Zeit fertig wird.
Wesentliche Aspekte der Aufgabe werden nicht erfasst.	Wesentliche Aspekte der Aufgabe werden manchmal erfasst.	Wesentliche Aspekte der Aufgabe werden immer erfasst.	Das Augenmerk ist auch auf unwesentliche Aspekte gerichtet, unfähig zu differenzieren.

Entwicklungsmöglichkeiten und -bereiche: Sorgfalt und Gewissenhaftigkeit

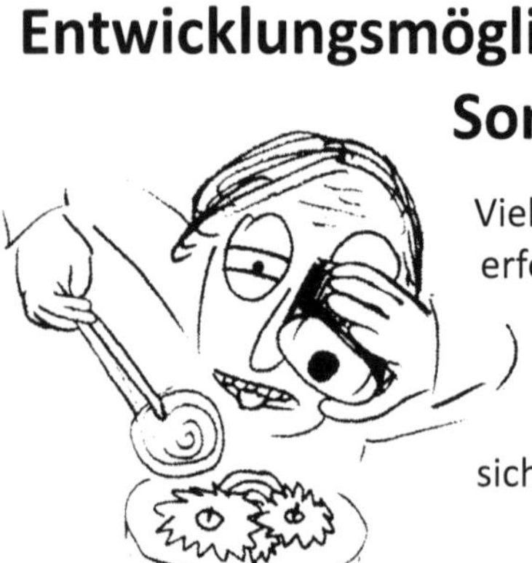

Viele private und noch mehr berufliche Aufgaben erfordern ein gewisses Maß an Sorgfalt und Genauigkeit. Man kann nicht immer "alle Fünfe gerade sein lassen" oder alles "locker angehen lassen". In diesem Zusammenhang kann es sicher nicht schaden, wenn die Jugendlichen ihre ...

- Arbeiten sorgfältig vorbereiten (Arbeitsvorbereitung), sei es, wenn sie vor dem Streichen von Wänden alle Türen und Fenster abkleben, damit sie nicht mit angestrichen werden oder dass man sich die Aufgaben in Klassenarbeiten erst einmal gewissenhaft durchliest und nachdenkt, bevor man einfach so drauflosarbeitet.
- Arbeitsergebnisse noch einmal kontrollieren, bevor sie „Fertig!“ rufen, und z. B. Matheaufgaben vor der Abgabe noch einmal nachrechnen, insbesondere dann, wenn man noch etwas Zeit hat.
- ...

Nun geht es um konkrete Vorschläge, wie junge Menschen lernen können, ihre Aufgaben und Arbeiten sauber und ordentlich sowie mit der notwendigen Sorgfalt und Genauigkeit zu erledigen.

Rahmenbedingungen **(Sorgfalt und Gewissenhaftigkeit)**		
Lernbegünstigende Arbeitsumgebung	Buch 2	#1111 Seite 185
Ablenkungsfreie Arbeitsumgebung	Buch 2	#1120 Seite 211
Engmaschige Begleitung	Buch 2	#1140 Seite 220

Unterrichtsplanung
(Sorgfalt und Gewissenhaftigkeit)

Kleinschrittige Arbeits- und Vorgehensweise	Buch 2	#2110 Seite 287
Zeit zum Üben		#2111 Seite 296
Ergebnisse besprechen, vergleichen und korrigieren		#2112 Seite 302
In Projekten arbeiten		#2115 Seite 338

Unterrichtsdurchführung
(Sorgfalt und Gewissenhaftigkeit)

Transparenz schaffen	Buch 2	#3110 Seite 379
Leistungen anerkennen		#3111 Seite 381
Anspornen		#3115 Seite 410
Ständige Ansprechpartner		#3117 Seite 420

Sozialpädagogische Einzelinterventionen
(Sorgfalt und Gewissenhaftigkeit)

1. Phase: Situations- und Problembeschreibung	Buch 2	Ein Beispiel finden Sie auf Seite 462.
2. Phase: Zielerarbeitung		
3. Phase: Standortbestimmung		
4. Phase: Maßnahmen definieren		
5. Phase: Umsetzung begleiten		

Sozialpädagogische Gruppeninterventionen
(Sorgfalt und Gewissenhaftigkeit)

Themen und Inhalte, die den Jugendlichen die Möglichkeit bieten sich in „Sorgfalt und Gewissenhaftigkeit“ zu üben, wie z. B. ...

- Heft- und Ordnerführung
- ...

Denk- und Entscheidungswerkzeuge	Buch 2	#5140 Seite 500

Zuverlässigkeit

„Wir beeilen uns nicht,
wir simsen, dass es später wird."
(Telefon-Fernsehwerbung, Fonic)

Von **Zuverlässigkeit** kann gesprochen werden, wenn man sich auf jemanden verlassen kann, dass er ihm übertragene Aufgaben seiner Leistungsfähigkeit entsprechend wahrnimmt - auch ohne dass man ihn ständig überwachen oder kontrollieren muss.

Ein großes Problem im Umgang mit diesen Jugendlichen besteht zumeist darin, dass man sich ganz oft überhaupt nicht auf sie verlassen kann. Ganz gleich, ob es um das Mitführen von Arbeitsmaterialien oder ihre regelmäßige Anwesenheit und pünktliches Erscheinen geht. Als echte Hürde für ihre berufliche Zukunft erweist sich ihr Unvermögen, pünktlich und wie abgesprochen irgendwo zu erscheinen. Ihnen fehlt es häufig an der notwendigen Motivation, Disziplin und Einsicht, um morgens pünktlich aufzustehen und ausgeschlafen zur Arbeit zu gehen. Eine weitere Hürde: Wenn die Jugendlichen zu spät oder gar nicht erscheinen, halten sie es meist nicht einmal für nötig, im Praktikumsbetrieb oder beim Bildungsträger anzurufen und Bescheid zu sagen. Aufgrund dessen „fliegen" viele Jugendliche bereits nach wenigen Tagen aus ihren Praktika. Vergessene Absprachen und Regelbrüche tragen auch unter dem Trägerpersonal nicht unbedingt zur Stimmungsverbesserung bei.

Einschätzung: Zuverlässigkeit

Wie kann man die Zuverlässigkeit der Jugendlichen nun einschätzen und beurteilen? Bei der Beantwortung dieser Frage soll die folgende Tabelle helfen.

Zuverlässigkeit

„nicht erkennbar"	„entwicklungsfähig"	„entwickelt"	„zu viel"
Bleibt der Maßnahme oft bzw. regelmäßig ohne Begründung und Entschuldigung fern.	Mit viel Hilfestellung, z. B. Erinnerungen, besteht mindestens eine 50/50-Chance, dass er sich an eine getroffene Vereinbarung oder Absprache hält. Zumindest ansatzweise.	Erscheint immer pünktlich oder hat triftige Gründe, die dagegen sprechen und informiert rechtzeitig über eine Verspätung oder ein Fernbleiben.	Führt sehr viele, auch unnötige, Arbeitsmaterialien mit sich und ist dauernd damit beschäftigt diese aus- und einzupacken.
Sucht immer wieder Ausreden und Ausflüchte, warum er sich nicht an eine Absprache halten konnte. Es sind immer andere schuld oder zumindest beteiligt.	Arbeitsmaterial ist unregelmäßig vorhanden. Es wird sich vielleicht noch notdürftig zusammengeliehen (Zettel und Stift).	Absprachen werden auch ohne Erinnerungen und Drängeln eingehalten.	
Arbeitsmaterial führt er nie mit sich. Er kommt morgens z. B. ohne Tasche. Nach Feierabend verlässt der das Gelände ohne Material, selbst dann, wenn er über den Tag hinweg neue Zettel etc. bekommen hat.		Arbeitsmaterialien werden immer mitgeführt und sind verlässlich vorhanden.	
		Arbeitsaufträge werden stets wie abgesprochen erfüllt.	

Entwicklungsmöglichkeiten und -bereiche: Zuverlässigkeit

„Ich brauche keine Menschen, die große Versprechen machen ... Ich brauche Menschen, die ihre kleinen Versprechen halten."
(Unbekannt)

Wer beruflich ankommen und erfolgreich sein möchte, muss zuverlässig sein. Dabei geht es nicht nur darum, pünktlich auf der Matte zu stehen, sondern eben auch darum, sich verlässlich an Regeln und Abläufe zu halten. Vorgesetzte und Kollegen müssen sich jederzeit darauf verlassen können, dass sich die Jugendlichen auch ohne ständige Erinnerungen an Absprachen halten. Niemand hat die Zeit und Lust, ständig hinter ihnen herzuarbeiten. Wenn eine längerfristige sozialversicherungspflichtige Beschäftigung das Ziel ist, müssen sie sich stets zuverlässig verhalten und ihre Aufgaben ohne viel Aufhebens (Lob und Applaus) erwartungsgemäß erledigen. Zuverlässigkeit darf nicht von Lust und Laune abhängen!

Was kann man nun tun, um mit den Jugendlichen an ihrer Zuverlässigkeit zu arbeiten?

Rahmenbedingungen (Zuverlässigkeit)		
Morgendliches Briefing	Buch 2	#1114 Seite 200
Kleine freiwillige Aufgaben für zu Hause		#1116 Seite 207
Engmaschige Begleitung		#1140 Seite 220
Strukturen, Regeln und Grenzen		#1141 Seite 245
Stunden-, Wochen- und Raumpläne		#1150 Seite 248

Unterrichtsplanung (Zuverlässigkeit)		
Ergebnisse besprechen, vergleichen und korrigieren	Buch 2	#2112 Seite 302
Arbeit in Projekten		#2115 Seite 338

Unterrichtsdurchführung (Zuverlässigkeit)		
Rituale	Buch 2	#3116 Seite 414
Hinschauen und ggf. eingreifen		#3150 Seite 436

Sozialpädagogische Einzelinterventionen (Zuverlässigkeit)		
1. Phase: Situations- und Problembeschreibung	Buch 2	Ein Beispiel finden Sie auf Seite 463.
2. Phase: Zielerarbeitung		
3. Phase: Standortbestimmung		
4. Phase: Maßnahmen definieren		
5. Phase: Umsetzung begleiten		

Sozialpädagogische Gruppeninterventionen (Zuverlässigkeit)		
(Fußball-)Turniere	Buch 2	#5150 Seite 503

Rechts- und Unrechtsbewusstsein

„Es gibt nur zwei wirkliche Filmpiraten, die heißen Errol Flynn und Johnny Depp. Alle anderen sind Raubkopierer."
(Unbekannt)

Rechtsbewusstsein bedeutet, stets zu wissen was richtig und falsch ist, fremdes Eigentum zu achten und andere nicht zu belügen, zu betrügen oder zu täuschen.

Es gibt einige Jugendliche, die leider kein verlässliches Gespür dafür besitzen, was Recht und Unrecht bzw. richtig und falsch ist. Sie sehen zumeist gar kein Problem darin, Dinge an sich zu nehmen, die ihnen nicht gehören, weil die Sachen doch einfach so herumlagen und/oder sie die gerade gebraucht haben. „Wenn die nicht wollen, dass man den was wegnimmt, soll´n die halt besser drauf aufpassen!", so ihre landläufige Meinung und Rechtfertigung für ihr Verhalten. Ohne die Fähigkeit, Recht- und Unrecht wahrnehmen zu können und sich ehrlich und rechtskonform zu verhalten, ist ein entspanntes und von Vertrauen geprägtes Zusammenleben und -arbeiten kaum möglich und wer das nicht gelernt hat und begreift, wird früher oder später „anecken". Ob nun jemand im Praktikum beim Discounter Leergut abzweigt, Werkzeug mitgehen lässt bzw. ungefragt ausleiht und nicht wieder mitbringt, einfach in anderer Leute Taschen nach dem Rechten schaut, bei Klassenarbeiten schummelt und abguckt oder Lügengeschichten über andere verbreitet (Mobbing), dem winkt in jedem Fall die Kündigung. Ausreden gibt es da keine mehr und will dann auch niemand mehr hören!

Einschätzung: Rechts- und Unrechtsbewusstsein

Die folgende Tabelle soll eine Orientierungshilfe darstellen, um einschätzen und bewerten zu können, inwieweit Jugendliche den Unterschied zwischen Mein und Dein verinnerlicht haben und in wieweit ihr Rechts- und Unrechtsbewusstsein ausgeprägt ist.

Rechts- und Unrechtsbewusstsein

„nicht erkennbar“	„entwicklungsfähig“	„entwickelt“	„zu viel“
Beschmutzen oder zerstören fremdes Eigentum.	Beschädigen in Ausnahmesituationen, z. B. bei großer Erregung, fremdes Eigentum.	Gehen sorgsam mit dem Eigentum anderer um.	Belehren andere.
Nehmen anderen ganz selbstverständlich Dinge weg.		Der Jugendliche fragt nach, bevor er sich etwas nimmt, was ihm nicht gehört.	Pochen auf ihre Rechte.
	Besitzen die Einsicht, dass ihr Handeln nicht richtig ist, aber ...		Zitieren Paragrafen.
Beleidigen und verleumden			
Handeln mit Raubkopien.	Beleidigen und verleumden in Ausnahmefällen.		

Entwicklungsmöglichkeiten und -bereiche: Rechts- und Unrechtsbewusstsein

„Wer sich den Gesetzen nicht fügen will,
muss die Gegend verlassen, wo sie gelten.“
(Johann Wolfgang von Goethe, deutscher Schriftsteller)

Die Jugendlichen müssen unbedingt lernen oder dahin gehend nacherzogen werden, dass sie nicht nur wissen, was richtig und erlaubt und was falsch und verboten ist. Sie müssen auch danach handeln!

Wie bei fast allen der hier thematisierten Schlüsselkompetenzen, ist es auch bei dieser sehr schwer, gegen viele Jahre fehlender oder falscher Erziehungsarbeit anzuarbeiten und mal eben die Sicht- und Verhaltensweisen entwicklungsbedürftiger Jugendlicher zu verändern. Nichtsdestotrotz soll es nun um Ideen und Ansätze gehen, wie man den Jugendlichen dennoch zu einem angemessenen Rechts- und Unrechtsbewusstsein verhelfen kann.

Rahmenbedingungen (Rechts- und Unrechtsbewusstsein)		
Vorbildfunktion	4. These Seite 32	
Engmaschige Begleitung	Buch 2	#1140 Seite 220
Strukturen Regeln und Grenzen		#1141 Seite 245

Unterrichtsplanung
(Rechts- und Unrechtsbewusstsein)

Aktuelle Themen aus den allgemein zugänglichen Medien (Zeitungen, Zeitschriften, Fernsehen, Internet etc.) als festen Unterrichtsbestandteil mit einplanen.

Unterrichtsdurchführung
(Rechts- und Unrechtsbewusstsein)

Hinschauen und eingreifen

Buch 2 #3150 Seite 436

Sozialpädagogische Einzelinterventionen
(Rechts- und Unrechtsbewusstsein)

1. Phase: Situations- und Problembeschreibung	Buch 2	Ein Beispiel finden Sie auf Seite 464.
2. Phase: Zielerarbeitung		
3. Phase: Standortbestimmung		
4. Phase: Maßnahmen definieren		
5. Phase: Umsetzung begleiten		

Sozialpädagogische Gruppeninterventionen
(Rechts- und Unrechtsbewusstsein)

Themen und Inhalte mit dem Fokus auf „Rechts- und Unrechtsbewusstsein“, wie z. B. ...

- Arbeitsrecht
- Recht- und Ordnung
- Teilnahme an Gerichtsverhandlungen
- Besuch einer Justizvollzugsanstalt (JVA)
- Die Polizei für eine Präsentation einladen
- ...

Frustrationstoleranz

„Ärger ist die Unfähigkeit, Wut in Aktion umzusetzen."
(Wolfgang Herbst, XZY)

Frustrationstoleranz beschreibt die Fähigkeit einer Person, Situationen, die von ihrer Erwartungshaltung oder ihren Wünschen abweichen, über einen längeren Zeitraum auszuhalten, ohne auffälliges bzw. sozial unerwünschtes Verhalten zu zeigen.

Einige Jugendliche hatten bereits in der Schule – und mit Sicherheit auch in ihrem Familien- und Freundeskreis – erhebliche Probleme aufgrund ihrer geringen Frustrationstoleranz. Und auch in einer Qualifizierungsmaßnahme sind sie nun nicht in der Lage, sich innerhalb ihrer Gruppe sozial unauffällig zu verhalten und sich von den Ausbildern, Lehr- und Honorarkräften im Unterricht führen zu lassen. Häufig sind sie auch in einem Praktikum nicht bereit, sich einer Hierarchie und ihrer Rolle als Praktikant angemessen ein- bzw. unterzuordnen. Sie folgen ihren Anleitern nur bis zu ihrer persönlichen Lust- oder Spaßgrenze und auch dann i. d. R. nur widerwillig und mit vielen Diskussionen. Sie können nicht aushalten, dass sie nicht tun und lassen dürfen, was ihnen gerade in den Kopf kommt. Kurz und knapp: Sie haben bisher nicht gelernt, dass es im Leben nicht nur nach *ihrer* Nase geht!

Eine weitere harte Probe, für die Frustrationstoleranz vieler Jugendlicher, stellen Situationen dar, in denen sie nicht auf Anhieb alles hinbekommen, wie es z. B. bei der Bearbeitung von Aufgaben sehr häufig der Fall ist. Immer wenn etwas nicht so klappt wie sie es sich vorstellen oder wünschen, „werfen sie die Flinte ins Korn". Sie geben einfach auf, i. d. R. ohne es noch einmal zu probieren. Sie sind oft bereits nach einem Fehlversuch so gefrustet, dass sie alles hinschmeißen oder sich trotzig in ihr „Schneckenhäuschen" bzw. ihren Schmollwinkel zurückziehen.

Einschätzung: Frustrationstoleranz

Zur Einschätzung, ob und inwieweit einzelne Jugendliche ihren Frust unter Kontrolle haben (Selbststeuerung) und in der Lage sind, frustrierende Situationen auszuhalten und zu meistern, soll die folgende erweiterbare Tabelle Anhaltspunkte geben.

Frustrationstoleranz

„nicht erkennbar“	„entwicklungsfähig“	„entwickelt“	„zu viel“
Will sich partout nicht an Regeln halten.	Weiß, dass es Regeln gibt und dass sie eigentlich auch wichtig sind – kann sich nur nicht immer so richtig daran halten.	Auch wenn Regeln unbequem sind, werden sie akzeptiert und (größtenteils) eingehalten.	Lässt alles schicksalsergeben über sich ergehen.
Will nur sein „Ding“ durchziehen und macht was er will, wann er es will.			
Kann es nicht aushalten, dass er nicht permanent im Mittelpunkt steht und alle nach seiner Nase tanzen.		Geht mit Regeln konstruktiv um und verhält sich seiner Rolle im Unternehmen entsprechend.	
Schmeißt nach einem Versuch alles sofort (oft wütend) hin.			

Entwicklungsmöglichkeiten und -bereiche: Frustrationstoleranz

„Es wäre dumm, sich über die Welt zu ärgern. Sie kümmert sich nicht darum.“
(Marcus Aurelius, römischer Kaiser)

Die Jugendlichen müssen lernen, dass es nicht immer nur nach ihrer „Nase“ geht und nicht bei jedem Anzeichen von Misserfolg oder dem vorläufigen Ausbleiben von Erfolg aufgeben. Es geht um die Herstellung einer Berufs- und Arbeitstauglichkeit, für die Jugendliche unbedingt in der Lage sein müssen, auch in Situationen durchzuhalten und „am Ball“ zu bleiben, wenn es mal nicht ganz so hinhaut, wie sie sich das vorstellen und wo sie die an sie gestellten Erwartungen als Belastung oder Einschnitt in ihre Freiheit – zu tun, wonach ihnen gerade ist – ansehen. Sie müssen schwierige Situationen aushalten und sozial angemessen bewältigen können, wenn sie in beruflicher Hinsicht etwas erreichen wollen.

Rahmenbedingungen (Frustrationstoleranz)		
Bewertungsfreie Lehr- und Lernräume	Buch 2	#1110 Seite 183
Engmaschige Begleitung		#1140 Seite 220
Strukturen, Regeln und Grenzen		#1141 Seite 245
Stunden-, Wochen- und Raumpläne		#1150 Seite 248

Unterrichtsplanung (Frustrationstoleranz)		
Lerntypenorientierte Arbeitsmethoden (VAK|OG)	Buch 2	Seite 279
Kleinschrittige Arbeits- und Vorgehensweise		#2110 Seite 287
Zeit zum Üben		#2111 Seite 296

Unterrichtsdurchführung (Frustrationstoleranz)		
Transparenz schaffen	Buch 2	#3110 Seite 379
Leistungen anerkennen		#3111 Seite 381
Wertschätzung und respektvoller Umgang		#3114 Seite 393
Anspornen		#3115 Seite 410
Ständige Ansprechpartner		#3117 Seite 420

Sozialpädagogische Einzelinterventionen **(Frustrationstoleranz)**		
1. Phase: Situations- und Problembeschreibung	Buch 2	Ein Beispiel finden Sie auf Seite 465.
2. Phase: Zielerarbeitung		
3. Phase: Standortbestimmung		
4. Phase: Maßnahmen definieren		
5. Phase: Umsetzung begleiten		

Sozialpädagogische Gruppeninterventionen **(Frustrationstoleranz)**		
Themen und Inhalte, die auf eine Erhöhung der „Frustrationstoleranz" bei den Jugendlichen abzielt, wie z. B. ... - Atem- und Entspannungsübungen - Umgang mit Stress - Vertrauensübungen (siehe Seite 497f) - ...		
Erlebnispädagogische Elemente	Buch 2	#5110 Seite 495

Realistisches Selbstbild

"Das Üble an den Minderwertigkeitskomplexen ist, dass die falschen Leute sie haben."
(Alec Guiness, britischer Schauspieler)

Von einem **realistischen Selbstbild** bzw. von realistischer Selbsteinschätzung kann man sprechen, wenn jemand in der Lage ist, sowohl seine Stärken als auch seine Schwächen und die sich daraus ergebenden Konsequenzen richtig und angemessen einzuschätzen.

Einige Jugendliche leiden an maßloser Selbstüberschätzung, während sich andere selbst total unterschätzen. Während die einen glauben, in einigen Dingen ganz gut und in anderen geradezu fantastisch zu sein, trauen sich andere nur wenig bis sehr wenig zu. Die einen tragen ein häufig völlig übersteigertes Selbstbild zur Schau und machen ständig einen auf dicke Hose, obwohl so gut wie nichts dahinter steckt. Sie tragen ein Anspruchsdenken vor sich her, das von nichts, was sie tatsächlich zeigen, gestützt wird. Ihr völlig überzogenes Selbstbild hindert sie so oft daran, das Beste aus ihrer realen Situation zu machen. Trotz unbestreitbarer Defizite wollen einige z. B. keine Helferausbildung absolvieren, mit der sie später vielleicht eine bezahlte Lagertätigkeit verrichten könnten, weil sie sich zu höherem berufen fühlen. Sie wollen irgendwann der Chef von ihrem eigenen Laden werden und ganz viele Mitarbeiter haben. Alles andere scheint unter ihrer Würde zu sein. Die anderen trauen sich so gut wie nichts zu. Selbst wenn ihre Zeugnisse ganz gut aussehen und sie ständig die besten Arbeitsergebnisse abliefern, halten sie sich für nicht gut genug und versuchen, möglichst unbemerkt – unter „ferner liefen“ – als „graue Mäuslein“ durchzukommen. Sie nutzen ihre Talente häufig nicht, weil sie diese nicht als solche wahrnehmen und erkennen können. Sie landen in irgendeinem Billig-Anziehsachenladen hinter der Kasse, anstatt noch weiter zur Schule zu gehen oder eine 1A Lehre als Bürokauffrau zu machen, um später einen guten Job im Büro zu bekommen.

Einschätzung: Realistisches Selbstbild

Die folgende Tabelle soll dabei helfen, dass man die Jugendlichen realistischer beurteilen kann, ob und inwieweit sie z. B. in der Lage sind, sich selbst objektiv einzuschätzen und ein realistisches Bild von sich und ihrem Leistungsvermögen haben.

Realistisches Selbstbild

„nicht erkennbar"	„entwicklungsfähig"	„entwickelt"	„zu viel"
Hält überhaupt nichts von sich. Glaubt, dass alle anderen immer viel besser sind, alles viel besser können und wissen.	Nehmen unrealistische Einschätzungen prinzipiell war. Sie können ihre Grenzen nicht richtig einschätzen.	Ist sich der eigenen Stärken und Schwächen im Klaren und handelt entsprechend.	Diva-Verhalten: Benötigt immer eine Bühne zur Selbstdarstellung.
			Nimmt sich zu wichtig.
Die eigene Leistungsfähigkeit wird maßlos überschätzt.			
Hat völlig unrealistische Berufswünsche.			

Entwicklungsmöglichkeiten und -bereiche: Realistisches Selbstbild

"Besser ein Hilfsjob mit Perspektive, als Hartz IV auf Lebenszeit."
(Anmerkung des Autors)

In diesem Abschnitt geht es darum herauszufinden, wie man diese Jugendlichen unterstützen kann, um ihnen innerhalb relativ kurzer Zeit zu einem realistischen und objektiven bzw. tragfähigen Selbstbild zu verhelfen, aus dem sie dann angemessene Schritte für sich ableiten können.

Wie kann man sie z. B. dazu bringen, über sich selbst nachzudenken; ihre Wirkung auf andere zu überprüfen; ernsthaft nach eigenen realistischen Wünschen und Zielen zu fragen und etwas mehr Selbstkritik zu üben bzw. ihren Selbstwert zu erkennen?[13]

Rahmenbedingungen (Realistisches Selbstbild)		
Zwischen Denk-/Lern- und Kreativphasen wechseln	Buch 2	#1115 Seite 202
Sportliche Aktivitäten	Buch 2	#1180 Seite 251

[13] Vgl. **Mühleisen und Oberhuder 2005**, S. 28

Unterrichtsplanung
(Realistisches Selbstbild)

Ergebnisse besprechen, vergleichen und korrigieren	Buch 2	#2112 Seite 302
In Projekten arbeiten	Buch 2	#2115 Seite 338

Unterrichtsdurchführung
(Realistisches Selbstbild)

Konzentrationsübungen	Buch 2	#3121 Seite 427

Sozialpädagogische Einzelinterventionen **(Realistisches Selbstbild)**		
1. Phase: Situations- und Problembeschreibung	Buch 2	Ein Beispiel finden Sie auf Seite 466.
2. Phase: Zielerarbeitung		
3. Phase: Standortbestimmung		
4. Phase: Maßnahmen definieren		
5. Phase: Umsetzung begleiten		

Sozialpädagogische Gruppeninterventionen **(Realistisches Selbstbild)**		
Themen und Inhalte, die es den Jugendlichen ermöglichen sollen ein „realistisches Selbstbild“ zu entwickeln, wie z. B. ... - Sportliche Aktionen - Wettkämpfe - Feedback geben und nehmen - Das Johari-Fenster - Das Eisbergmodell - ...		
Erlebnispädagogische Elemente	Buch 2	#5110 Seite 495

Sport- und Beweglichkeit

„Wenn Eltern auch mal die Fenster aufmachen, bekommt ihr Kind beim Spielen mit der Wii sogar frische Luft."
(O. H.)

Von **Sport- und Beweglichkeit** kann man sprechen, wenn jemand eine körperlich anstrengende Leistung über einen bestimmten Zeitraum erbringen kann, ohne gleich aus der Puste zu geraten und sich dabei ohne große Einschränkungen in alle Richtungen bewegen und drehen kann.

Einige Jugendliche sind schnell „aus der Puste", wenn es beispielsweise darum geht, ein paar Treppen zu steigen oder zu Besichtigungszwecken kreuz und quer durch die Stadt zu laufen. Ständig wird gejammert „Sind wir schon da?" Wer sich drücken kann, drückt sich und versucht an jeder Ecke Pause zu machen. So kann sich ein 30-minütiger Fußmarsch schon mal etwas in die Länge ziehen. Hier und da fällt ihnen auch das Bücken und Strecken schwer. Körperlich anstrengende Arbeit lässt viele schnell keuchen und nach der nächsten Sitzgelegenheit Ausschau halten. Alles geht viel langsamer oder bleibt einfach liegen, weil jeder Schritt, jedes Bücken oder Strecken eine Qual ist. Mal Tische und Stühle von einem Raum in einen anderen tragen geht fast gar nicht. Angehende Lagerhelfer kann man schon mal auf einer Treppe zusammengesunken und nach Luft japsend pausieren sehen, wenn sie etwas im zweiten oder dritten Stock eines Gebäudes ausliefern sollen.

Einschätzung: Sport- und Beweglichkeit

Als Einschätzungshilfe, wie sportlich und beweglich bzw. körperlich leistungsfähig und belastbar die Jugendlichen sind, soll die folgenden Tabelle dienen.

Sport- und Beweglichkeit			
„nicht erkennbar"	**„entwicklungsfähig"**	**„entwickelt"**	**„zu viel"**
Körperlich nicht belastbar (keine Kondition).	Körperlich wenig belastbar.	Geht an körperliche Leistungsgrenzen.	Geht über körperliche Leistungsgrenzen hinaus.
Sucht ständig nach einer Möglichkeit sich auszuruhen.		Kann körperliche Arbeiten ohne Pausen über einen längeren Zeitraum durchführen.	
Fettleibigkeit			
Starker Raucher			

Entwicklungsmöglichkeiten und -bereiche: Sport- und Beweglichkeit

„Lieber Staub aufwirbeln als Staub ansetzen."
(Hubert Burda, deutscher Verleger)

Ein gewisses Maß an Sport- und Beweglichkeit trägt neben einer höheren körperlichen Belastbarkeit und mehr Durchhaltevermögen auch wesentlich zum persönlichen Wohlgefühl und zu einer Steigerung der Konzentrations- und Leistungsfähigkeit bei. Dies gilt übrigens nicht nur für Jugendliche!

Im Folgenden soll es nun um einige konkrete Ideen gehen, um die Grundausdauer und -belastungsfähigkeit der Jugendlichen zu steigern.

Rahmenbedingungen **(Sport- und Beweglichkeit)**		
Bewertungsfreie Lehr- und Lernräume	Buch 2	#1110 Seite 183
Sportliche Aktivitäten		#1180 Seite 251

Unterrichtsplanung **(Sport- und Beweglichkeit)**		
Ziele formulieren (S.M.A.R.T.)	Buch 2	Seite 271
Kleinschrittige Arbeits- und Vorgehensweise		#2110 Seite 287

Unterrichtsdurchführung
(Sport- und Beweglichkeit)

Erholungspausen und Entspannungsübungen	Buch 2	#3122 Seite 433

Sozialpädagogische Einzelinterventionen
(Sport- und Beweglichkeit)

1. Phase: Situations- und Problembeschreibung	Buch 2	Ein Beispiel finden Sie auf Seite 467.
2. Phase: Zielerarbeitung		
3. Phase: Standortbestimmung		
4. Phase: Maßnahmen definieren		
5. Phase: Umsetzung begleiten		

Sozialpädagogische Gruppeninterventionen
(Sport- und Beweglichkeit)

(Fußball-)Turniere	Buch 2	#5150 Seite 503

– Kapitel 4 –

Lebenspraktische Kompetenzen

Lebenspraktische Kompetenzen

„Du kannst dein Leben nicht verlängern noch verbreitern, nur vertiefen.“
(Gorch Fock, deutscher Schriftsteller)

Lebenspraktische Kompetenzen umfassen alle Fähigkeiten, die man benötigt, um die persönlichen und beruflichen Anforderungen des Alltags erfolgreich zu bewältigen.

Während meiner Arbeit mit benachteiligten Jugendlichen in diversen berufsvorbereitenden und Ausbildungsmaßnahmen, habe ich immer wieder zur Kenntnis nehmen müssen, dass sehr viele Jugendliche nicht einmal elementare Alltagssituationen zufriedenstellend bewältigen. Es sind Dinge, wie das Schleifebinden oder Lesen von Stadt- und Fahrplänen, die ihnen z. T. erhebliche Probleme bereiten (siehe „2. These“, Seite 30). So hat ein Teil der Jugendlichen z. B. erhebliche Probleme mit der Körperhygiene und Wäschepflege. Einige kann man nur mit Mühe davon überzeugen, zu einer mündlichen Prüfung oder einem Vorstellungsgespräch nicht in Jogginghose und zerrissenem T-Shirt zu gehen. Neben Themen wie Sauberkeit und Erscheinungsbild besteht oft auch erheblicher Unterstützungsbedarf in puncto Umgang mit Geld. Viele Jugendliche haben bereits wenige Stunden, nachdem sie ihr Geld für den Monat bekommen haben, nichts mehr übrig. Sei es, dass sie damit um sich werfen oder aber kaum etwas davon bei ihnen ankommt, weil es in einem schwarzen Schuldenloch verschwindet, da z. B. Handyschulden oder andere Ratenzahlungen einen Großteil ihres monatlichen Einkommens verschlingen. Das Ende vom Lied: Sie können sich bereits am Anfang des Monats keine Fahrkarte oder etwas zu essen mehr kaufen. Ein Großteil der jungen Menschen, die in ihre erste eigene Wohnung gezogen sind, war mit der neuen Situation überfordert, da sie mit der neu gewonnenen Freiheit nicht umgehen konnten. Mit einer eigenen Wohnung drängen sich plötzlich ganz neue Probleme wie regelmäßige Mietzahlungen, Umgang mit dem Vermieter und den Nachbarn, Kochen, Waschen und Putzen in den Vordergrund. Rechnungen werden nicht bezahlt, Mahnungen ignoriert, der Energieversorger schaltet den Strom ab, der Vermieter kündigt die Wohnung usw. usf.

Was also tun? Eine wesentliche Grundlage für die erfolgreiche Bewältigung des eigenen Lebens sind eine Reihe lebenspraktischer Fähigkeiten und Kompetenzen, die die Jugendlichen in die Lage versetzen, ihre Angelegenheiten und Alltagssituationen selbst und aus eigenem Antrieb zu meistern bzw. zu bewältigen. Sie sollen ihr Leben selbstbestimmt gestalten und in die Hand nehmen können, anstatt Probleme zu verdrängen und ihnen aus dem Weg zu gehen oder Schwierigkeiten immer von anderen regeln zu lassen.

Sauberkeit und Hygiene

„Jedes Bad ist eine leibliche Wiedergeburt."
(Demokrit, griechischer Philosoph)

Es ist erschreckend, wie oft man mit bereits erwachsenen Jugendlichen während der Fördermaßnahmen regelmäßig über die Themen Sauberkeit und Hygiene sprechen muss. Ihre Körperhygiene lässt vielfach zu wünschen übrig. In den Zimmern vieler Jugendlicher ist Unordnung das geringste Problem. Sie horten vor sich hin gammelnde Lebensmittel und stinkende Kleidungsstücke[14]. Ein nicht unerheblicher Teil von ihnen hält auch nicht viel davon, sich regelmäßig zu duschen, die Zähne zu putzen und/oder saubere Klamotten anzuziehen. Einige steigen, nachdem sie geduscht haben, gleich wieder in dieselbe Unterhose und ihre stinkigen Socken, die sie bereits vor ihrer Waschung trugen. Sie benutzen beim Haare waschen teilweise nicht einmal Duschgel o. Ä. Viele scheinen überhaupt nicht zu bemerken, wie sehr sie ihre Umgebung mit ihren Ausdünstungen belästigen.

Einschätzung: Sauberkeit und Hygiene

Um einzuschätzen, inwieweit einzelne Jugendliche mit dem Thema „persönliche Sauberkeit und Hygiene" umgehen, kann man sich an der folgenden Tabelle orientieren, die natürlich auch hier wieder jederzeit erweitert werden kann.

[14] Vgl. Sabine Caron: Duschen: Fehlanzeige! – Hygiene in der Pubertät, http://eltern.t-online.de/pubertaet-hygiene-bei-jugendlichen/id_42030870/index, Stand 27.05.2011

Sauberkeit und Hygiene			
„nicht erkennbar“	**„entwicklungsfähig“**	**„entwickelt“**	**„zu viel“**
Die Personen und/oder Klamotten riechen immer muffig oder stinken.	Die Personen und/oder Klamotten riechen häufig muffig oder stinken.	Die Personen und/oder Klamotten riechen eher selten muffig oder stinken.	Die Kleidung riecht penetrant nach Weichspüler.
			Übermäßiger Gebrauch von Parfum oder anderen Duftstoffen.

Entwicklungsmöglichkeiten und -bereiche: Sauberkeit und Hygiene

Stinker kommen in der Berufs- und Arbeitswelt nicht so gut an. Kein Otto-Normalriecher wird mit einem Stinker zusammen arbeiten wollen – geschweige denn, ihn einstellen und beschäftigen. Personen, die ein Problem mit ihrer Sauberkeit und Hygiene haben, sind in keinem Arbeitsumfeld tragbar und schaffen selten die Probezeit oder werden von den Kollegen geschnitten und gemobbt. Kein Chef, Vorgesetzter oder Kollege hat Lust mit jemandem zusammenzuarbeiten, der nach Schweiß stinkt oder anderen Dingen müffelt. Ganz abgesehen davon, wollen Kunden sich von „so jemandem“ auch nicht unbedingt bedienen oder beraten lassen.

Sollten Jugendliche noch Probleme mit ihrer persönlichen Sauberkeit und Hygiene haben, wird es allerhöchste Zeit, dass man sich dieses Problems schnellstens annimmt und ihre diesbezüglichen Defizite aus der Welt schafft.

Rahmenbedingungen
(Sauberkeit und Hygiene)

Engmaschige Begleitung	Buch 2	#1140 Seite 220
Duschmöglichkeiten		#1210 Seite 253

Unterrichtsplanung
(Sauberkeit und Hygiene)

Konkrete Ziele formulieren (S.M.A.R.T.)	Buch 2	Seite 271
Kleinschrittige Arbeits- und Vorgehensweise		#2110 Seite 287

Unterrichtsdurchführung
(Sauberkeit und Hygiene)

Leistungen anerkennen	Buch 2	#3111 Seite 381
Ständiger Ansprechpartner		#3117 Seite 420
Hinschauen und eingreifen		#3150 Seite 436

Sozialpädagogische Einzelinterventionen
(Sauberkeit und Hygiene)

1. Phase: Situations- und Problembeschreibung	Buch 2	Ein Beispiel finden Sie auf Seite 468.
2. Phase: Zielerarbeitung		
3. Phase: Standortbestimmung		
4. Phase: Maßnahmen definieren		
5. Phase: Umsetzung begleiten		

Sozialpädagogische Gruppeninterventionen
(Sauberkeit und Hygiene)

Themen und Inhalte mit dem Fokus „Sauberkeit und Hygiene" behandeln, wie z. B. ...

- Persönliche Körperpflege
- Kleiderpflege
- Reinigen der Wohnung
- ...

Umgang mit Geld

„Man soll nicht an irdischen Dingen hängen besonders dann, wenn man welche hat.“
(Karl Lagerfeld, deutscher Modeschöpfer)

Von einem vernünftigen **Umgang mit Geld** kann gesprochen werden, wenn jemand seine Finanzmittel bewusst einsetzt und nicht über seine finanziellen Verhältnisse konsumiert und mit Geld um sich wirft.

Die Geschichte des Geldes zeigt, dass Menschen seit frühester Zeit Tauschhandel betrieben haben. Seit damals ist eine sinnvolle Idee im Umgang mit Geld immer gleich geblieben – „Du kannst nie mehr ausgeben, als du hast.“ Weil das heute allerdings nicht mehr ganz zutrifft, sollten Kinder und Jugendliche den Umgang mit Geld bereits so früh wie möglich erlernen.[15] Diese „Finanzerziehung“ scheint man sich aufseiten der Eltern und Schulen leider häufig zu sparen. Und so kann man bereits bei immer mehr Jugendlichen eine stetig wachsende Verschuldung beobachten. Je älter sie werden, desto kostspieliger werden ihre Wünsche: Klamotten, Spielekonsolen, Handys – natürlich immer von den aktuellen „In-Marken“ und kein billiges Zeugs.[16] Ihren wachsenden Konsumwünschen stehen ihre zumeist sehr geringen finanziellen Mittel und fehlende Kompetenz im Umgang mit Geld im Weg.[17] Sie tappen immer wieder in Schuldenfallen, die Händler, Versandhäuser und Banken für sie aufbauen und z. B. als „günstige“ Ratenkäufe oder Dispo-Kredite daherkommen, aus denen sie ohne professionelle Unterstützung häufig gar nicht mehr herauskommen. Ihnen sind ihre eingegangenen Verbindlichkeiten oft nicht bewusst und so geben sie ihr Geld, wenn sie am Monatsanfang welches bekommen, mit vollen Händen aus. Sie vergessen, dass sie einen großen Teil davon für fixe Kosten, wie z. B. Miete, Strom, Telefon und Kleidung sowie die Schuldentilgung zurücklegen müssen.

[15] Vgl. http://www.jugendservice.at/themen/wohnen-geld/umgang-mit-geld.html, Stand: 04.12.2011

[16] Vgl. http://www.urbia.de/magazin/familienleben/erziehung/wie-lernen-kinder-den-umgang-mit-geld, Stand: 17.02.2012

[17] Vgl. http://www.unterrichtshilfe-finanzkompetenz.de/, Stand: 04.12.2011

Einschätzung: Umgang mit Geld

Bei der Einschätzung, ob und inwieweit einzelne Jugendliche mit den ihnen zur Verfügung stehenden finanziellen Mitteln umgehen können und über die Runden kommen, soll die folgende Tabelle helfen.

Umgang mit Geld

„nicht erkennbar“	„entwicklungsfähig“	„entwickelt“	„zu viel“
Leiht sich unentwegt Geld.			Geizhals
Hat öfter am Monatsanfang kein Geld mehr für eine Fahrkarte.	Hat „erst“ ab Monatsmitte kein Geld mehr.	Kommt gut mit seinem Geld aus. Teilt sich seine finanziellen Mittel gut ein.	Er versucht möglichst nichts auszugeben, auch nicht für wichtige und notwendige Dinge.
Hat hohe Schulden, die oft nicht beglichen werden können.	Muss sich jeden Monat anstrengen seine Schulen abzuzahlen bzw. Raten zu bedienen.	Kann seine Raten ggf. problemlos bezahlen.	
Hat mehrere Handyverträge.		Kauft nur Dinge, die er sich finanziell leisten kann.	

Entwicklungsmöglichkeiten und -bereiche: Umgang mit Geld

„Wenn du den Wert des Geldes kennenlernen willst, versuche, dir welches zu leihen.“

(Benjamin Franklin, amerikanischer Staatsmann)

Wenn Jugendliche einen vernünftigen Umgang mit Geld erlernen sollen, müssen sie wissen, wie es um ihre Finanzen bestellt ist und was sie sich leisten können und was nicht.

Im Folgenden geht es nun darum, was konkret getan werden kann, damit Jugendliche den Umgang mit Geld erlernen, sich nicht verschulden und nicht in eine Schuldenfalle geraten, aus der sie sich nicht mehr befreien können.

Rahmenbedingungen (Umgang mit Geld)		
Angebot regelmäßiger Mahlzeiten	Buch 2	#1121 Seite 217
Angebot günstiger Pausenversorgung		#1220 Seite 255
Kostenlos Wasser zur Verfügung stellen		#1221 Seite 256

Unterrichtsplanung (Umgang mit Geld)
Siehe Themen und Inhalte unter „Sozialpädagogische Gruppeninterventionen".

Unterrichtsdurchführung (Umgang mit Geld)
Einsatz von Spielgeld, um Bezahlaktionen, z. B. aus Textaufgaben, nachzuspielen.

Sozialpädagogische Einzelinterventionen (Umgang mit Geld)		
1. Phase: Situations- und Problembeschreibung	Buch 2	Ein Beispiel finden Sie auf Seite 469.
2. Phase: Zielerarbeitung		
3. Phase: Standortbestimmung		
4. Phase: Maßnahmen definieren		
5. Phase: Umsetzung begleiten		

Sozialpädagogische Gruppeninterventionen
(Umgang mit Geld)

Themen und Inhalte mit dem Fokus „Umgang mit Geld“ behandeln, wie z. B. ...

- Haushaltsplan
- Mietkosten
- Umgang mit Geld
- Lohn- und Nebenkosten
- Schuldenberatung einladen
- Wie viel „Kohle“ braucht der Mensch?
- ...

Tagesstruktur und Freizeitgestaltung

„Lebenskünstler leben von der Zeit, die andere nicht haben."
(Michael Douglas, amerikanischer Schauspieler)

Eine „vernünftige" **Tagesstruktur und Freizeitgestaltung** bietet Kontinuität, Sicherheit und Verlässlichkeit.

Den meisten Jugendlichen in Fördermaßnahmen fehlt es an Struktur und Kontinuität in ihrem Alltag. Es fehlt an strukturierten und geregelten Tagesabläufen und einer Freizeitgestaltung, die ihnen sowohl Struktur und Kontinuität sowie Zugehörigkeit, Sicherheit und Verlässlichkeit gibt.

Sie machen keine Hausaufgaben, gehen keinem Hobby nach, sind nicht im Verein, nehmen an keinen Wettkämpfen teil, für die sie trainieren oder üben müssten und, und, und. Sie leben oft einfach so in den Tag hinein, wenn sie können und man sie lässt. Sie hängen mit ihren Kumpels ab, spielen Videospiele, gucken Fernsehen und ziehen abends bis „in die Puppen" um die Häuser. Sie fallen irgendwann todmüde ins Bett und stehen gegen Mittag oder Nachmittag wieder auf, wenn sie zur Toilette müssen oder Hunger haben. Andere tauchen komplett in virtuellen Welten unter. Ihr Leben führen sie im Internet mit vernetzten „Freunden", mit denen sie in unzählige Pixel-Schlachten ziehen, aus denen sie nur für Toilettengänge, zum Schlafen, Essen oder Trinken notgedrungen wieder heimkehren. Ein Tag folgt dem nächsten und so vergehen Wochen, Monate und Jahre, ohne dass es in ihrem realen Leben in eine bestimmte Richtung geht. Durch diese (Lebens)Weise bringen sie kaum die Motivation auf, z. B. morgens rechtzeitig aufzustehen, um pünktlich in einer Maßnahme, im Praktikum, in der Ausbildung, bei einer Behörde oder sonst wo zu erscheinen.

Einschätzung: Tagesstruktur

Nun soll es an die Einschätzung gehen, inwieweit der Alltag der Jugendlichen einer geregelten Tagesstruktur folgt.

Tagesstruktur			
„nicht erkennbar“	„entwicklungsfähig“	„entwickelt“	„zu viel“
Kann Termine nicht einhalten.	Verspätet sich hin und wieder.	Hält Termine ein.	Verplant jede Stunde.
Keine geregelten Mahlzeiten.		Erledigt alle täglich anfallenden Aufgaben problemlos.	Ist nicht in der Lage spontan zu handeln.
Lieber Pizzaservice statt selber kochen.			
Kein Plan, wann z. B. eingekauft, gegessen, gewaschen oder geputzt wird.			

Einschätzung: Freizeitgestaltung

Zur Einschätzung, wie „sinnvoll“ die einzelnen Jugendlichen ihre Freizeit gestalten, soll die folgende Tabelle herangezogen werden können.

Freizeitgestaltung

„nicht erkennbar“	„entwicklungsfähig“	„entwickelt“	„zu viel“
Keinerlei Hobbys	Gelegentliche Aktivitäten	Mit Gruppenanbindung	Terminstress
Sie haben gar keine Interessen, denen sie nachgehen oder für die sie sich begeistern.	Manchmal nehmen sie z. B. an sportlichen Freizeitaktivitäten oder Kinobesuchen teil.	Sie sind z. B. in eine Vereinsstruktur eingebunden – vielleicht sogar als Übungsleiter.	Hat einen sehr vollen Terminkalender, ist ständig auf Achse und kaum zu Hause.
Sitzt nur vor dem Fernseher oder PC ohne alternative Ideen für die Freizeitgestaltung.			Normale soziale Kontakte sind ohne vorherige Absprache oder Planung nicht möglich.
Reale soziale Kontakte werden durch virtuelle ersetzt.			
Keine Ahnung, was im öffentlichen Raum bzw. in der Umgebung los ist.			

Entwicklungsmöglichkeiten und -bereiche: Tagesstruktur und Freizeitgestaltung

„Es ist nicht zu wenig Zeit, die wir haben, sondern es ist zu viel Zeit, die wir nicht nutzen.“
(Lucius Annaeus Seneca, römischer Philosoph)

Ein strukturiertes Umfeld ist eine gute Basis für die Förderung von Fähigkeiten und Fertigkeiten. Neben regelmäßigen Tagesabläufen kann auch die Qualität ihrer Freizeitgestaltung unterstützend wirken, wie z. B. eine aktive – vielleicht sogar verantwortliche – Einbindung in einem Verein oder einer organisierten Freizeit- bzw. Jugendgruppe.

Neben einem strukturgebenden Fördermaßnahmenverlauf geht es darum, dass die Jugendlichen in die Lage versetzt werden, ihren Alltag eigenständig zu strukturieren und auch ihre Freizeit aktiv zu gestalten. Dies soll ihnen Kontinuität und Sicherheit bieten, damit sie im Förder-, Bildungs- und späteren Arbeitsprozess leichter und besser Fuß fassen können.

Rahmenbedingungen (Tagesstruktur und Freizeitgestaltung)		
Alle Anfangs- und Endzeiten innerhalb der Maßnahme müssen von allen Beteiligten verbindlich eingehalten werden.		
Morgendliches Briefing	Buch 2	#1114 Seite 200
Kleine freiwillige Aufgaben für zu Hause	Buch 2	#1116 Seite 207
Angebot regelmäßiger Mahlzeiten	Buch 2	#1121 Seite 217
Strukturen, Regeln und Grenzen	Buch 2	#1141 Seite 245
Stunden-, Wochen- und Raumpläne	Buch 2	#1150 Seite 248

Unterrichtsplanung (Tagesstruktur und Freizeitgestaltung)
Den Unterricht so planen, dass weder zu wenig Zeit vorhanden noch zu viel Zeit am Ende übrig ist.
Den Unterricht so planen, dass bei unklarem Zeitbedarf ggf. Inhalte gekürzt oder entfallen können. Evtl. eine zweite Einheit planen, um gekürzte Inhalte nachträglich zu bearbeiten.
Zusätzliche Aufgaben für den Fall vorbereiten, dass am Ende der Unterrichtseinheit noch unvorhergesehene Zeit übrig ist.

Unterrichtsdurchführung (Tagesstruktur und Freizeitgestaltung)	
Stundenbeginn und -ende sowie Pausen- und Freizeiten verlässlich einhalten.	
Volle Unterrichts- und Unterweisungszeiten	Seite 377

Sozialpädagogische Einzelinterventionen (Tagesstruktur und Freizeitgestaltung)		
1. Phase: Situations- und Problembeschreibung	Buch 2	Ein Beispiel finden Sie auf Seite 470.
2. Phase: Zielerarbeitung		
3. Phase: Standortbestimmung		
4. Phase: Maßnahmen definieren		
5. Phase: Umsetzung begleiten		

Sozialpädagogische Gruppeninterventionen (Tagesstruktur und Freizeitgestaltung)
Lebenspraktische Themen und Inhalte behandeln, wie z. B. ... - Kostengünstige Freizeitangebote - ...

Selbstversorgungskompetenz

„Hoffnung ist ein gutes Frühstück, aber ein schlechtes Abendbrot.“
(Francis Bacon, englischer Autor und Philosoph)

Mit der Fähigkeit zur **Selbstversorgung** sind die Aktivitäten gemeint, die einen Menschen dazu befähigen für sein leibliches Wohl zu sorgen.

Viele Jugendliche, die aus der elterlichen oder einer betreuten Wohnumgebung in eine eigene Wohnung umziehen, „versumpfen“. Sie haben plötzlich keinerlei Korrektiv mehr und können, von allen Zwängen, Vorgaben und Kontrollen befreit, so gut wie alles tun und lassen was sie wollen. Sie daddeln am PC oder der Spielekonsole, machen Party oder glotzen TV, bis sie in den frühen Morgenstunden vor Müdigkeit umfallen. Keiner schiebt ihrem Treiben mehr einen Riegel vor und sagt ihnen, wann sie ins Bett gehen sollen, um am nächsten Tag aufzustehen, um pünktlich in die Maßnahme, Berufsschule oder ins Praktikum zu gehen. Es gibt auch niemanden, der sie dazu anhält, Ordnung in ihrer Wohnung zu halten. Wieso den Müll nach draußen bringen, den Mülleimer rechtzeitig an die Straße stellen oder Leergut abgeben, wenn man einen kleinen (Abstell-)Raum hat, in den man einfach alles reinschmeißen und stapeln kann. Wer eine Waschmaschine besitzt, nutzt sie womöglich nicht regelmäßig oder nicht richtig oder vergisst seine Wäsche in der Trommel, bis sie stockt, oder lässt die Wäsche nicht lange genug trocknen, bevor er sie zusammengelegt oder anderweitig auf einem Haufen stapelt oder, oder, oder ... Wer keinen Waschknecht sein Eigen nennt und auch nicht mehr bei Mami waschen kann, hat plötzlich auch ein Problem. In der eigenen Wohnung kann man nun auch endlich ganz nach Belieben ungewaschen und ungeduscht vor dem PC oder Fernseher auf dem Sofa abhocken. Man belästigt höchstens sich oder seine Kumpels. Das gilt übrigens nicht nur für männliche Jugendliche, sondern nicht selten auch für die holde Weiblichkeit. Um auch einmal etwas Warmes zu essen, wird einfach ´ne Pizza bestellt. So fällt auch kein Abwasch an, da man die Pizza ja locker aus der Schachtel essen und die Cola aus der Flasche trinken kann. Erst wenn das Geld knapp wird, besinnen sich viele auf ihre Nudelkochkünste. Glück hat dann der, der eine Kochstelle und einen oder besser mehrere Töpfe sein Eigen nennt. Je nachdem wie abgehärtet die Jugendlichen sind, taugt ein Topf auch öfter als mehrmals zum Nudelkochen, ohne dass man ihn jedes Mal umständlich abwaschen muss. Obst und Gemüse erreichen beim

Einkaufen eher selten das Förderband zur Kasse. Organische Abfallprodukte würden in der eigenen Behausung eh nur die Fliegen anlocken. Nach endlosen Partys oder wenn irgendwann übler Gestank aus der Wohnung ins Treppenhaus wallt oder der Postkasten überquillt, treten schnell die Nachbarn und der Vermieter auf den Plan. Aus solchen Gründen endete schon so mancher Versuch, auf eigenen Beinen zu stehen, schneller als gedacht.

Einschätzung: Selbstversorgungskompetenz

Wie gut einzelne Jugendliche nun in der Lage sind sich selbst zu versorgen, soll die folgende Tabelle zeigen.

Selbstversorgungskompetenz			
„nicht erkennbar“	**„entwicklungsfähig“**	**„entwickelt“**	**„zu viel“**
In der Wohnung bzw. Zimmer stapelt sich Müll.	Er kann noch einige Dinge genießen.	Ausgewogenes Verhältnis zu Sauberkeit und Ernährung.	Ständige Arztbesuche (Hypochonder).
Briefe werden nicht geöffnet.		Er weiß, wie lange etwas liegen bleiben kann und wann etwas erledigt werden muss und tut es dann auch.	Er ist unfähig Dinge zu genießen.
Wäsche wird nicht gewaschen.			Gesundheitsfanatiker
Arztbesuche werden nicht eingehalten.			Zählt Kalorien
Mangelhafte und/oder falsche Ernährung.			Putzfimmel

Entwicklungsmöglichkeiten und -bereiche: Selbstversorgungskompetenz

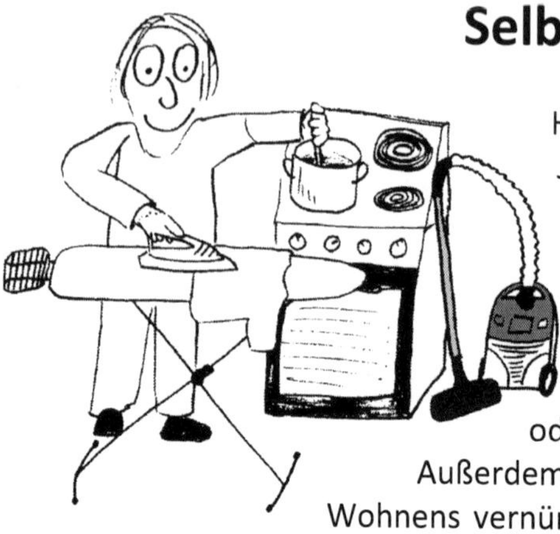

Hier soll es nun darum gehen, wie man Jugendlichen dabei helfen kann, dass sie sich gesünder und regelmäßig ernähren, ausreichend Schlaf bekommen und auch ihren Haushalt vernünftig bestreiten können, ohne zu „versumpfen" und irgendwann Ärger mit ihren Nachbarn oder ihrem Vermieter zu bekommen. Außerdem gilt es auch mit der Freiheit des alleine Wohnens vernünftig umgehen zu können, um z. B. morgens pünktlich aufzustehen und ausgeschlafen in den Tag zu starten.

Was könnte man also tun, damit sie alleine besser klarkommen?

Rahmenbedingungen (Selbstversorgungskompetenz)		
Angebot regelmäßiger Mahlzeiten	Buch 2	#1121 Seite 217
Angebot günstiger Pausenversorgung		#1220 Seite 255

Unterrichtsplanung (Selbstversorgungskompetenz)
Siehe Themen und Inhalte unter „Sozialpädagogische Gruppeninterventionen“.

Unterrichtsdurchführung (Selbstversorgungskompetenz)		
Ständige Ansprechpartner	Buch 2	#3117 Seite 420
Hinschauen und eingreifen		#3150 Seite 436

Sozialpädagogische Einzelinterventionen (Selbstversorgungskompetenz)		
1. Phase: Situations- und Problembeschreibung	Buch 2	Ein Beispiel finden Sie auf Seite 471.
2. Phase: Zielerarbeitung		
3. Phase: Standortbestimmung		
4. Phase: Maßnahmen definieren		
5. Phase: Umsetzung begleiten		

Sozialpädagogische Gruppeninterventionen
(Selbstversorgungskompetenz)

Themen und Inhalte mit dem Fokus auf „Selbstversorgungskompetenz“, wie z. B. ...

- Ernährung
- Körper- und Kleiderpflege
- Häusliche Reparaturen
- Hauswirtschaftliche Vorsorgung
- Reinigen der Wohnung
- Haushaltsplan
- Mietkosten
- ...

Erscheinungsbild

„Man empfängt Menschen nach dem Kleide und entlässt sie nach dem Verstand.“

(Karl Simrock, deutscher Dichter)

Zu einem guten **Erscheinungsbild** gehört eine dem Anlass, der Situation und Branche angemessene Bekleidung mit notwendigen Accessoires.

Viele Jugendlichen vereint das untrügliche Gespür für das falsche Outfit, d. h. für die, in bestimmten Situationen, am wenigsten geeignete Kleidung. So manche junge Frau wollte auch im Praktikum unbedingt in Discoklamotten und mit Klunkern behängt arbeiten. Sie wollen oft nicht begreifen, dass man, wenn man den ganzen Tag stehen und gehen oder Regale einräumen muss, besser keine hochhackigen Treter, sondern Turnschuhe anziehen sollte. Bei den Jungs gehört das Cap auf dem Kopf heute unbedingt zum guten Ton, egal wo sie gerade sind. Dabei tragen es die meisten nur, weil ihre Haare nicht gemacht sind. Auch ein Don-Juan-Outfit, mit offenem Hemd, Goldkettchen um den Hals und Blick auf die sonnengebräunte und unbehaarte Brust, kommt nicht immer und überall so gut an. Einen Auftritt in Arbeitskleidung empfinden scheinbar viele als Blamage. Und wenn es um Bewerbungsfotos geht, ziehen einige noch einmal alle Register, um auch wirklich jedes Klamotten- und Schmink-No-Go zu begehen, was bereits in einem sehr frühen Stadium eines Bewerbungsprozesses zum K. O.-Kriterium werden kann.

Einschätzung: Erscheinungsbild

Wie ist es nun um das Erscheinungsbild der Jugendlichen bestellt?

Erscheinungsbild			
„nicht erkennbar"	**„entwicklungsfähig"**	**„entwickelt"**	**„zu viel"**
Hat immer viel zu viel Parfüm oder Schminke aufgelegt.	Hat ab und zu zu viel Parfüm oder Schminke aufgelegt.	Ist jederzeit angemessen und situationsgemäß gekleidet.	Investiert sehr viel Geld in Kleidung und Kosmetika.
Ist ungewaschen	Fühlt sich teilweise unbehaglich, wenn er / sie falsch gekleidet ist.		Fragt ständig nach, ob man das so tragen kann.
Trägt situativ unangemessene Kleidung.			Trägt nur trendige Markenklamotten.
Zeigt keine Bereitschaft, sich geltenden Normen und Konventionen anzupassen.			

Entwicklungsmöglichkeiten und -bereiche: Erscheinungsbild

Im Berufs- und Geschäftsleben gibt es einen branchenbezogenen Dresscode, an den man sich tunlichst halten sollte, um seine Chancen im Kampf um einen Praktikums-, Ausbildungs- oder Arbeitsplatz nicht leichtfertig zu schmälern.

In diesem Abschnitt geht es darum, wie man den Jugendlichen das notwendige Rüstzeug für ein situativ angemessenes Äußeres bzw. Erscheinungsbild mit auf den Weg geben kann.

Rahmenbedingungen

(Erscheinungsbild)

Für die Jugendlichen sollte ein verbindlicher Maßnahme- bzw. berufsfeldbezogener Dresscode gelten und eingehalten werden. Das bedeutet i. d. R., dass Jogging-Anzüge und bauchfreie Oberteile zu Hause bleiben müssen.

Gleiches gilt für das Personal. Man sollte schon auf den ersten Blick unterscheiden können, ob man einen Kollegen oder Teilnehmer vor sich hat. Es müssen sicher nicht Anzug und Krawatte sein, aber eine ordentliche Hose und ein Hemd können sicher nicht schaden. Auch hier gilt wie bereits so oft, dass das Kollegium mit gutem Beispiel vorangehen muss.

Strukturen, Regeln und Grenzen	Buch 2	#1141 Seite 245
Kleiderordnung	Buch 2	#1250 Seite 257

Unterrichtsplanung

(Erscheinungsbild)

Siehe Themen und Inhalte unter „Sozialpädagogische Gruppeninterventionen“.

Unterrichtsdurchführung (Erscheinungsbild)
Kleiden Sie sich selbst ordentlich und vermeiden, im Freizeit-Outfit in Erscheinung zu treten, wie z. B. in kniefreien Kleidern oder Hosen und Sandalen oder Flip-Flops.

Sozialpädagogische Einzelinterventionen (Erscheinungsbild)		
1. Phase: Situations- und Problembeschreibung	Buch 2	Ein Beispiel finden Sie auf Seite 472.
2. Phase: Zielerarbeitung		
3. Phase: Standortbestimmung		
4. Phase: Maßnahmen definieren		
5. Phase: Umsetzung begleiten		

Sozialpädagogische Gruppeninterventionen
(Erscheinungsbild)

Themen und Inhalte, die den Fokus auf das individuelle und situativ angemessene „Erscheinungsbild“ legen, wie z. B. ...

- Stilknigge
- Schmink-Tipps
- Styling-Tipps
- ...

Nutzung öffentlicher Verkehrsmittel

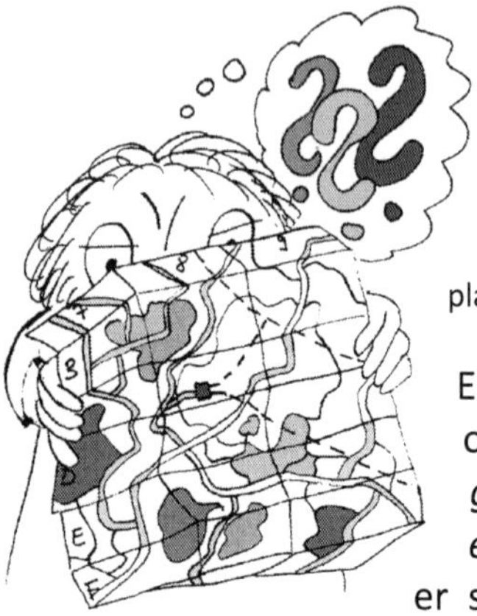

„Freizeit ist kein Problem mehr.
Dank der modernen Beförderungsmethoden
verbringt man sie auf dem Weg zur und von der Arbeit."
(Unbekannt)

Die **Nutzung öffentlicher Verkehrsmittel** befähigt jemanden u. a. auch dazu, ferne Orte oder einen Arbeitsplatz ohne eigenen PKW schnell und sicher zu erreichen.

Einige Jugendliche trauen sich nicht zu, alleine, d. h. ohne Unterstützung, von A nach B zu kommen. *„Wo gibt es Fahrscheine und was kosten die, wo muss ich einsteigen?"* Wer plötzlich mal irgendwo hin muss, wo er sich nicht auskennt, kann schon mal ins Schleudern geraten, weil er nicht in der Lage ist – alle öffentlichen Verkehrsmittel sicher zu nutzen. Während einer Maßnahme kann es schon mal vorkommen, dass man sich an einem bestimmten Ort in der Stadt treffen will. Dann muss man sehr oft erst einmal einen Punkt finden – zumeist den hiesigen Bahnhof, – den alle kennen und sicher erreichen können, um erst von dort aus zum Bestimmungsort zu gelangen. Einige kommen aufgrund dieser Unsicherheit nur selten aus ihrem Viertel oder Quartier hinaus. Es schränkt ihren Bewegungsradius ein und führt häufig zu Kompensations- bzw. Verweigerungshandlungen. So mancher Praktikumsplatz wurde schon nicht angetreten, weil derjenige keinen Plan hatte, wie er mit den öffentlichen Verkehrsmitteln dort hinkommen sollte. Leider kommt man hinter dieses Geheimnis oft viel zu spät. Andere wollen, wegen fehlender Mobilität, nur eine Ausbildung oder Arbeit in ihrem „Kaff" aufnehmen, was ihre beruflichen Zukunftsaussichten zusätzlich ziemlich eingeschränkt.

Einschätzung: Nutzung öffentlicher Verkehrsmittel

Wie gut können die Jugendlichen öffentliche Verkehrsmittel für ihre Zwecke nutzen?

Nutzung öffentlicher Verkehrsmittel			
„nicht erkennbar“	**„entwicklungsfähig“**	**„entwickelt“**	**„zu viel“**
Er versucht alles, um keine neuen, unbekannten Strecken mit dem Bus oder der Bahn fahren zu müssen.	Er steigt schon mal in die falsche Bahn ein und erscheint verspätet an Treffpunkten.	Informiert sich vor Fahrtantritt über Verbindungen und Preise.	Belehrt andere ständig, wie sie irgendwo hinkommen können.
Steigt häufig in den falschen Bus und/oder fährt in die falsche Richtung.	Stellt sich seinem Problem: Fragt nach und probiert es aus.	Weiß, mit welchen Tickets man wo und wie weit fahren darf.	
Kann mit den Fahrkartenautomaten nicht umgehen.			
Kann keine Pläne lesen.			
Fragt nicht nach.			

Entwicklungsmöglichkeiten und -bereiche: Nutzung öffentlicher Verkehrsmittel

„Ein Flirt ohne tiefere Absicht ist ungefähr so sinnvoll wie ein Fahrplan ohne Eisenbahn."
(Marcello Mastroianni, italienischer Schauspieler)

Wenn Jugendliche Probleme damit haben, die in ihrer Umgebung verfügbaren Verkehrsmittel zu nutzen, muss dringend Abhilfe geschaffen werden. Diese Mobilität ist möglicherweise der Schlüssel für ihre persönliche und berufliche Zukunft, da diese zusätzliche Mobilität und Freiheit ihren Aktionsradius erweitern kann.

Welche Aktionen scheinen hier nun sinnvoll und Erfolg versprechend?

Rahmenbedingungen **(Nutzung öffentlicher Verkehrsmittel)**
Laut der Maßnahmekonzepte müssen Bildungsträger zum Glück immer gut mit öffentlichen Verkehrsmittel erreichbar sein.
In Aufenthalts- und Pausenräumen sollten sämtliche relevanten und aktuellen Fahrpläne aushängen.

Unterrichtsplanung
(Nutzung öffentlicher Verkehrsmittel)

Siehe Themen und Inhalte unter „Sozialpädagogische Gruppeninterventionen".

Unterrichtsdurchführung
(Nutzung öffentlicher Verkehrsmittel)

Organisation und Durchführung einer Stadtrallye, bei der die Jugendlichen in Gruppen und auf unterschiedlichen Routen zu Orten gelangen müssen, um dort unterrichtsrelevante Informationen zu sammeln. Als Erfolgsbeleg könnten ggf. Handyfotos dienen.

Sozialpädagogische Einzelinterventionen **(Nutzung öffentlicher Verkehrsmittel)**		
1. Phase: Situations- und Problembeschreibung	Buch 2	Ein Beispiel finden Sie auf Seite 473.
2. Phase: Zielerarbeitung		
3. Phase: Standortbestimmung		
4. Phase: Maßnahmen definieren		
5. Phase: Umsetzung begleiten		

Sozialpädagogische Gruppeninterventionen **(Nutzung öffentlicher Verkehrsmittel)**
Aktionen und Inhalte, die den Fokus auf die „Nutzung öffentlicher Verkehrsmittel" legen, wie z. B. ... - Bus- und Bahnfahren üben - Fahrtrouten auf Straßenplänen markieren - ...

Pläne und Visionen

"Es reicht nicht, nur einfach zu leben, man muss auch etwas haben, wofür man lebt."
(Unbekannt)

Eine **Vision** ist eine in der Zukunft angesiedelte Vorstellung eines bestimmten Zustandes. Um diese Vorstellung bzw. dieses Ziel zu verwirklichen, braucht man i. d. R. einen **Plan**, den man verfolgt, um dieses Ziel zu erreichen.

Sehr viele Jugendliche haben weder große Wünsche noch einen Plan oder eine Idee für ihre nähere oder weitere Zukunft in der Tasche – ganz zu schweigen von einem Plan B. Vor diesem Hintergrund erscheint das häufige Fehlen jeglichen perspektivisch motivierten Denkens und Handelns ihrerseits nur konsequent und logisch. Das liegt m. E. daran, dass viele Jugendliche ohne konkreten Wunsch oder konkretes Ziel keinen wirklichen Drang verspüren, ihre derzeitige Situation zu verbessern oder zu verändern.

Wo es keine Wünsche und Visionen gibt,
da entsteht auch kein Wille, etwas zu tun.

Wo es keinen Willen, etwas zu tun, gibt,
da wird es auch keine Handlungen geben.

Wo es keine Handlungen gibt,
da wird es auch keine Situationsveränderungen geben.

Wo es keine positiven Veränderungen gibt,
da wird es auch keine Perspektive für diese Jugendlichen geben.

Die Jugendlichen scheinen mit ihrer jetzigen Situation zumeist ganz zufrieden zu sein.

Lehrer: „Wie stellst Du Dir Deine Zukunft vor?"
Schüler: „Weiß nich´."
Lehrer: „Hast Du den keine Pläne?"
Schüler: „Nö, was denn für Pläne!?"

Einschätzung: Pläne und Visionen

Ob Jugendliche nun konkrete Pläne haben oder eine Vision von ihrer Zukunft, kann man häufig nur erahnen. Die folgende Tabelle soll bei einer Einschätzung dennoch unterstützend zur Seite stehen.

Pläne und Visionen

„nicht erkennbar“	„entwicklungsfähig“	„entwickelt“	„zu viel“
Phlegmatisch		Zielorientiert	Baut Luftschlösser
Hat keinen Plan für den nächsten Tag. Er lebt nur in den Tag hinein.	Phasenweise arbeiten sie an ihrer Zukunft mit. Allerdings häufig ohne klare Vorstellung davon, wofür eigentlich.	Sie haben ein Ziel vor Augen und versuchen es zu verfolgen.	Ziele sind so hoch gesteckt, dass sie nicht nachgehalten bzw. erfolgreich verfolgt werden können.
Hat keine Vorstellung von der Zukunft.			
Besitzt keinen Terminplaner.	Ein Terminkalender wird nicht immer gepflegt.		Blinder Aktionismus
Kann keine Ziele formulieren.	Hält sich nicht an Verabredungen.		Lebt in der Zukunft
Ist wunsch- und antriebslos.	Traut sich nur wenig zu – geringes Selbstwertgefühl.		
Ist nicht mehr neugierig.			

Entwicklungsmöglichkeiten und -bereiche: Pläne und Visionen

„Wer all seine Ziele erreicht hat, hat sie sich als zu niedrig ausgewählt.“
(Herbert von Karajan, österreichischer Dirigent)

Sollte es nun so sein, dass junge Leute keine oder nur vage Ideen für ihr zukünftiges Leben haben, muss es hier in erster Linie darum gehen, sie bei der Entwicklung einer realistischen und motivierenden Zukunftsplanung zu unterstützen. Sie müssen eine Zukunft vor Augen haben, für die sie „brennen“, damit sie sie selbst mit aller Kraft, auch bei auftretenden Rückschlägen und Widrigkeiten, verwirklichen wollen und können.

Und nun wird es richtig schwierig. Wie kann man es anstellen, dass die Jugendlichen ein aus dem innersten motiviertes Ziel verfolgen bzw. überhaupt erst einmal eines haben?

Hilfreiche **Rahmenbedingungen,** (Pläne und Visionen)		
Zwischen Denk-/Lern- und Kreativphasen wechseln	Buch 2	#1115 Seite 202

Unterrichtsplanung (Pläne und Visionen)
Siehe Themen und Inhalte unter „Sozialpädagogische Gruppeninterventionen“.

Unterrichtsdurchführung (Pläne und Visionen)
Im Unterricht können die behandelten Themen und Inhalte z. B. auch aus einer zukunftsrelevanten Perspektive betrachtet werden. *„Was könnte … nun für Ihre oder sogar unser aller Zukunft bedeuten?“, „Wie wird das in 5 oder 10 Jahren aussehen?“*

Sozialpädagogische Einzelinterventionen (Pläne und Visionen)		
1. Phase: Situations- und Problembeschreibung	Buch 2	Ein Beispiel finden Sie auf Seite 474.
2. Phase: Zielerarbeitung		
3. Phase: Standortbestimmung		
4. Phase: Maßnahmen definieren		
5. Phase: Umsetzung begleiten		

Sozialpädagogische Gruppeninterventionen (Pläne und Visionen)		
Themen und Inhalte, die den Fokus auf die Erarbeitung bzw. das Nachdenken über „Zukunftspläne und Visionen" legen, wie z. B. ... - Berufe vorstellen - Biografien bearbeiten - ...		
Denk- und Entscheidungswerkzeuge	Buch 2	#5140 Seite 500

Hilfe und Unterstützung suchen, finden und annehmen

„Ein guter Rat ist nur ein guter Rat für den, der ihn braucht."
(Bill Cosby, amerikanischer Schauspieler)

Hilfe und Unterstützung suchen, finden und annehmen bedeutet, dass man mit seinen Problemen auf andere zugeht und sie um Rat fragt und nicht alleine dasteht.

Früher oder später stehen die Jugendlichen vor einem Problem, das sie vielleicht alleine nicht lösen können. Dazu zählen familiäre, persönliche und gesundheitliche Probleme genauso, wie z. B. Schwierigkeiten mit Ämtern und Behörden, mit ihren Mobilfunkanbietern oder ihrem Gas-, Wasser- und Stromversorger. Für sehr viele Jugendliche bedeuten solche Situationen eine echte Herausforderung, der sie sich nicht immer (rechtzeitig) stellen und gerne verdrängen. Einige empfinden den Gang zu einem Amt als Gang nach Canossa und bekommen bereits zittrige Knie, wenn sie nur einen Brief von einer Behörde im Briefkasten finden – der dann auch schon mal ungeöffnet liegen bleibt oder zufällig verschwindet. Oft werden irgendwelche wichtigen Schreiben, auf die man besser zeitnah reagieren sollte, im persönlichen Wohnungs- oder Zimmerchaos „untergemuddelt", was die Situationen, in denen sich die jungen Leute dann völlig „überraschend" wiederfinden, nicht einfacher und spaßiger machen.

Selbst wenn sie es wollten, wissen viele Jugendliche nicht, wo sie nach geeigneter Hilfe und Unterstützung suchen und fragen können, da ihr soziales Umfeld diesbezüglich oft wenig Rückhalt bietet. Ihren Eltern geht es häufig nicht besser als ihnen, sodass Ratschläge von dieser Seite oft nicht sehr hilfreich und nützlich sind. Wenn sich aber nicht gekümmert wird, führt das früher oder später zu wenig angenehmen Konsequenzen, wie z. B. zum Besuch von Amtspersonen und Kürzungen oder sogar der Einstellung von Zahlungen.

Einschätzung: Hilfe und Unterstützung suchen, finden und annehmen

Die folgende Tabelle soll ein paar Ideen bieten, um einschätzen zu können, ob Jugendliche in erforderlichem Umfang in der Lage sind, sich bei Problemen Hilfe und Unterstützung zu suchen.

Hilfe und Unterstützung suchen, finden und annehmen			
„nicht erkennbar“	„entwicklungsfähig“	„entwickelt“	„zu viel“
Besitzt kein Problembewusstsein.	Problembewusstsein ist vorhanden, doch noch sehr reaktionsarm.	Sie kommen z. B. von alleine mit Behördenschreiben und bitten um Unterstützung beim Ausfüllen.	Holt sich bei jedem auch noch so kleinen Problem Rat, ohne selbst nach Lösungen zu suchen.
Hat häufig Probleme mit Behörden oder anderen Unternehmen.			Vertraut ausschließlich auf andere. Lehnt die Übernahme von Verantwortung ab.

Entwicklungsmöglichkeiten und -bereiche: Hilfe und Unterstützung suchen, finden und annehmen

„Ausführungsbestimmungen sind Erklärungen zu den Erklärungen, mit denen man eine Erklärung erklärt.“
(Abraham Lincoln, 16. Präsident der USA)

Der Umgang mit großen und auch kleinen Problemen will genauso gelernt sein, wie das Fragen nach Hilfe. Wie kann man Jugendliche dahin gehend unterstützen, dass sie genug Vertrauen fassen und bei Problemen rechtzeitig um Hilfe und Unterstützung suchen und bitten.

Rahmenbedingungen
(Hilfe und Unterstützung suchen, finden und annehmen)

Morgendliches Briefing	Buch 2	#1114 Seite 200

Unterrichtsplanung
(Hilfe und Unterstützung suchen, finden und annehmen)

Siehe Themen und Inhalte unter sozialpädagogische Gruppeninterventionen.

Unterrichtsdurchführung
(Hilfe und Unterstützung suchen, finden und annehmen)

Wertschätzung und respektvoller Umgang	Buch 2	#3114 Seite 393

Sozialpädagogische Einzelinterventionen
(Hilfe und Unterstützung suchen, finden und annehmen)

1. Phase: Situations- und Problembeschreibung	Buch 2	Ein Beispiel finden Sie auf Seite 475
2. Phase: Zielerarbeitung		
3. Phase: Standortbestimmung		
4. Phase: Maßnahmen definieren		
5. Phase: Umsetzung begleiten		

Sozialpädagogische Gruppeninterventionen
(Hilfe und Unterstützung suchen, finden und annehmen)

Themen und Inhalte, die es den Jugendlichen ermöglichen „Hilfe und Unterstützung zu suchen, zu finden und anzunehmen“, wie z. B. ...

- Umgang mit Ämtern und Behörden
- Internetrecherche
- Offene Hilfsangebote
- Hilfsorganisationen
- ...

– Kapitel 5 –

Soziale Kompetenzen

Soziale Kompetenzen

„Was man mit Gewalt gewinnt, kann man nur mit Gewalt behalten."
(Mahatma Gandhi, indischer Freiheitskämpfer)

Soziale Kompetenzen bezeichnen „das Vermögen, in Beziehungen mit anderen Menschen so zu handeln, wie die Situation es erfordert"[18], um Handlungen von einer individuellen auf eine gemeinschaftliche Handlungs- und Zielorientierung auszurichten.

Der Vorteil, wenn man soziale Kompetenzen besitzt und sie auch sinnvoll einsetzen und anwenden kann, besteht darin, mit anderen Menschen, vor dem Hintergrund unausgesprochener Regeln, gut klarzukommen. Es geht dabei in erster Linie um die konstruktive Gestaltung von persönlichen und beruflichen Beziehungen. Gelebte Sozialkompetenzen können sowohl die Akzeptanz in Familie, Freundeskreis und beruflichem Umfeld positiv beeinflussen.[19] Bei den Jugendlichen, um die es hier geht, sind die sozialen Fähigkeiten i. d. R. eher weniger stark ausgeprägt, was nicht selten zu Problemen führt. So gehört für sie z. B. der Umgang mit Kritik an ihrem Verhalten oder ihrer Leistung zu einer der größten Herausforderungen im gemeinsamen Miteinander. Einige – na ja – eigentlich sehr viele Jugendliche – neigen dazu, jegliche Kritik als persönlichen Angriff zu werten und ziehen sich entweder in ihr Schneckenhaus zurück oder werden zornig und gebärden sich laut und aggressiv, was auch nicht selten zu Konflikten führt, die dann auch erst einmal erfolgreich bewältigt werden wollen. Aus kleinen Meinungsverschiedenheiten werden so schnell lautstarke oder sogar handfeste Auseinandersetzungen. Es gibt auch auf anderen Gebieten Baustellen. Beobachtet man sie eine Zeit lang, fallen schnell auch Defizite in puncto Toleranz, Kooperationsfähigkeit und Umgangformen ins Auge. Das bedeutet, dass ihr Verhalten nicht immer als sozial verträglich durchgeht und im beruflichen Umfeld weder erwünscht noch tolerierbar ist. Je nachdem wie gut es den Jugendlichen letztendlich gelingt, die Herausforderungen der Zusammenarbeit zu bewältigen, kann man von sozial kompetentem oder inkompetentem Verhalten sprechen.[20]

---

[18] http://www.schluesselkompetenz.net/, Stand: 15.10.2011
[19] Vgl. **Jugert; Rehder; Notz und Petermann 2011**, S. 12
[20] Vgl. **Jugert; Rehder; Notz und Petermann 2011**, S. 12f

„Was Hänschen nicht lernt,
lernt Hans nimmermehr.“
(Sinnspruch)

Wenn es darum geht, diese jungen Leute für eine berufliche Zukunft fit zu machen, besteht das Problem leider nicht nur in der individuellen Menge der noch zu vermittelnden Kompetenzen. Es geht vielmehr darum, dass es sich bei den Jugendlichen nicht mehr um „Hänschens“ handelt. Nein!, man muss sich mit „Hänsen“ herumschlagen, die es ja bekanntlich immer sehr viel schwerer haben, wenn es darum geht, noch etwas dazuzulernen. Man kann nur hoffen, dass das mit dem „Nimmermehr“ nur so ein Schnack ist.

Keine optimalen Voraussetzungen, wenn es darum geht, eine Ausbildungsstelle oder später auch dauerhaft einen Job zu finden.

Umgang mit Kritik

" In dem Maße, wie der Wille und die Fähigkeit zur Selbstkritik steigen, hebt sich auch das Niveau der Kritik an anderen."

(Christian Morgenstern, deutscher Schriftsteller)

Bei **Kritik** kann es sich sowohl um Lob (Anerkennung) als auch um Tadel (Schelte) handeln. Sie kann konstruktiv auf die Verbesserung oder destruktiv auf die Verschlechterung einer Situation abzielen. Außerdem kann sich Kritik auch auf die eigene Person beziehen (Selbstkritik). Hier werden das eigene Verhalten und/oder die eigenen Ansichten und Anschauungen auf den Prüfstand gestellt.

Ein großer Teil der förderbedürftigen und benachteiligten Jugendlichen kann nicht so richtig gut mit Kritik umgehen. Ein Teil von ihnen reagiert auf Kritik oder Verbesserungsvorschläge beleidigt, (unkontrolliert) aggressiv und ihrerseits beleidigend. Ein gut gemeintes *„Setzen Sie sich bitte gerade hin!", „Nehmen Sie Ihre Tasche vom Tisch!", „Holen Sie jetzt Ihre Arbeitsunterlagen hervor!"* oder anderweitige Arbeitsanweisungen, wie z. B. *„Nimm bitte den Drehmomentschlüssel, wie ich es Dir gezeigt habe, damit die Mutter nicht abreißt"* oder *„Sie sollen die Backwaren nur mit einem Handschuh anfassen! Und ziehen Sie ihn wieder aus, bevor Sie das Geld vom Kunden entgegennehmen"*, kann dazu führen, dass sich Jugendliche schnell ungerecht behandelt fühlen. Sie akzeptieren nur selten, dass die kritisierten Verhaltensmuster unangemessen sind und Regelverstöße darstellen, die sie abstellen müssen.[21]

Mit dem Inhalt der Kritik setzen sie sich dabei eher selten auseinander, erst mal dagegen angehen oder rumjammern. So verpuffen Kritik, Verbesserungsvorschläge und konkrete Handlungsvorgaben von Lehrern, Ausbildern und Pädagogen im Nirwana des jugendlichen Egotismus. Der Umgang mit Kritik hängt auch bei ihnen stark von der Bereitschaft ab, sich ernsthaft mit dem eigenen Verhalten auseinandersetzen zu wollen.

[21] Vgl. **Fiedler 2001**, S. 8

Einschätzung: Umgang mit Kritik

Für eine Einschätzung, wie angemessen Jugendliche mit Kritik umgehen oder aber auch nicht, soll sich die folgenden Tabelle nützlich erweisen.

Umgang mit Kritik

„nicht erkennbar“	„entwicklungsfähig“	„entwickelt“	„zu viel“
Aufbrausend, aggressiv	Teilweise einsichtig	Reflektiert	Devot
Nimmt Kritik persönlich, lässt den Kritiker nicht ausreden, fängt sofort an zu widersprechen oder sich zu rechtferti-gen.	Reagiert je nach Lust und Laune bzw. psychi-scher Verfassung mal mehr oder weniger angemessen auf Kritik.	Hört erst einmal zu, denkt über das Gesagte nach, entscheidet nach reiflicher Überlegung, ob die Kritik angenom-men wird oder nicht	Nimmt die Kritik sofort, ohne zu überlegen, an und passt sein Verhalten ohne eigene Reflexion an.
Hört nicht zu.	Nimmt Teilaspekte der Kritik auf.		
Fällt anderen ins Wort.	Lenkt gelegentlich ein.		
Ablehnende Körper-sprache.	Äußert: z. B. „Du hast ja recht!“		Ist emotional zutiefst betroffen.
Fühlt sich ungerecht behandelt.			
Verlässt seinen Arbeits-platz.			
Knallt mit Türen.			
Wird verbal aus- und auffällig.			
Spricht Drohungen aus.			
Wird körperlich über-griffig.			

Entwicklungsmöglichkeiten und -bereiche: Umgang mit Kritik

„Die meisten Menschen wollen lieber durch Lob ruiniert als durch Kritik gerettet werden."
(Amerikanische Redensart)

Hier geht es nun um die Frage, wie man die Jugendlichen dazu bewegen kann, über Kritik und ggf. auch den störenden Charakter ihres Verhaltens nachzudenken. Das Ziel soll darin bestehen, dass sie sich ihre Fehler eingestehen und dann auch ernsthaft zu Korrekturen ihres Verhaltens bereit sind.

Rahmenbedingungen **(Umgang mit Kritik)**
Innerhalb der Maßnahme muss es eine ernsthafte Möglichkeit für die Jugendlichen geben, Kritik zu äußern, die sich sowohl auf die Maßnahme, aber auch auf einzelne Anleiter oder Unterrichtsinhalte beziehen kann. Dazu ist es wichtig, dass ihnen ein oder mehrere unabhängige Ansprechpartner zur Verfügung stehen, die ihre Anliegen ernst nehmen, weiterleiten und ihnen innerhalb einer angemessenen Zeit eine Rückmeldung geben.

Unterrichtsplanung **(Umgang mit Kritik)**
Siehe Themen und Inhalte unter „Sozialpädagogische Gruppeninterventionen".

Unterrichtsdurchführung **(Umgang mit Kritik)**	
Kritik ist keine Einbahnstraße und so sollten auch die Anleiter in der Lage sein, professionell mit der Kritik der Jugendlichen umzugehen. Das ist nicht immer ganz einfach, da die Jugendlichen häufig keine Erfahrung damit haben, konstruktive Kritik zu äußern.	
Wertschätzung und respektvoller Umgang	#3114 Seite 393

Sozialpädagogische Einzelinterventionen **(Umgang mit Kritik)**		
1. Phase: Situations- und Problembeschreibung	Buch 2	Ein Beispiel finden Sie auf Seite 476.
2. Phase: Zielerarbeitung		
3. Phase: Standortbestimmung		
4. Phase: Maßnahmen definieren		
5. Phase: Umsetzung begleiten		

Sozialpädagogische Gruppeninterventionen (Umgang mit Kritik)
Themen und Aktionen, die den Jugendlichen den „Umgang mit Kritik“ abverlangen, wie z. B. ... - 360°-Feedback - Feedback geben und nehmen - Rollenspiele (siehe Seite 319) - ...

Umgang mit Konflikten

„Wer mit den Menschen auskommen will, darf nicht zu genau hinsehen."

(Otto Flake)

Wer **mit Konflikten umgehen** kann, beweist dies dadurch, dass er lösungs- und nicht problemorientiert vorgeht und z. B. versucht, auch mit den Augen des anderen zu schauen.

Viele Jugendliche haben erhebliche Schwierigkeiten, sich in Konfliktsituationen angemessen und sozial erwünscht zu verhalten. Deshalb kommen sie in Konfliktsituationen auch sehr schnell an ihre Grenzen. Aus „Kleinigkeiten" werden schnell unschöne Auseinandersetzungen, die in heftigen Verbalattacken enden können. Es reicht oft schon, wenn der eine den anderen nicht ausreden lässt, jemand eine andere Meinung vertritt oder einfach nur herumnervt. Schließlich hört niemand mehr zu und am Ende gewinnt niemand und alle gehen als Verlierer vom Platz. Weitere Konfliktauslöser sind Situationen, in denen sie etwas „in den falschen Hals" bekommen oder sie sich ungerecht behandelt fühlen. In solchen Augenblicken fällt es ihnen extrem schwer die Ruhe zu bewahren. Ihre überwiegend destruktiven Konfliktlösungsstrategien führen nicht selten zu sozialer Ablehnung und Isolation ihrer Person, sowohl im privaten als auch beruflichen Umfeld. Solche Verhaltensweisen erschweren den „normal" leistbaren Umgang mit ihnen auf z. T. unzumutbare Weise. Ohne intensive Unterstützung bleibt diesen erwachsenen Jugendlichen eine erfolgreiche Berufsvorbereitung oder -ausbildung wohl länger erspart.

Einschätzung: Umgang mit Konflikten

Eine Einschätzung der Konfliktfähigkeit der Jugendlichen kann mithilfe der folgende Tabelle vorgenommen werden.

Umgang mit Konflikten

„nicht erkennbar“	„entwicklungsfähig“	„entwickelt“	„zu viel“
Entzieht sich Auseinandersetzungen und Klärungen.	Entzieht sich nicht ganz dem Kontakt.	Bleibt sachlich und entspannt.	Will sofort jeden Konflikt besprechen bzw. durchleben.
Weigert sich Verantwortung zu übernehmen: Schiebt die Schuld gerne auf andere.		Lässt andere Sichtweisen gelten und kann sich in diese hineinversetzen.	
Kann Gefühle nicht verbal ausdrücken.		Versucht andere zu verstehen bzw. die Handlungsweisen anderer nachzuvollziehen.	
Wird gewalttätig, weil er nicht weiß, wie er anders damit umgehen kann.			
Nicht erreichbar für Argumente und andere Sichtweisen.			

Entwicklungsmöglichkeiten und -bereiche: Umgang mit Konflikten

Der Umgang mit Kritik hängt zu großen Teilen von der Bereitschaft ab, sich mit dem eigenen Verhalten auseinanderzusetzen. Die Jugendlichen müssen lernen, konstruktiv mit Konflikten umzugehen, anstatt sie fremd- und selbstschädigend auszufechten. Sie müssen lernen, Differenzen und Meinungsverschiedenheiten friedlich und ohne offene oder versteckte Aggressionen zu meistern.

Jetzt geht es um Vorschläge, Jugendlichen Wege zu zeigen, um mit Konflikten angemessen umgehen zu können.

Rahmenbedingungen **(Umgang mit Konflikten)**		
Strukturen, Regeln und Grenzen	Buch 2	#1141 Seite 245

Unterrichtsplanung **(Umgang mit Konflikten)**		
Störungen im Vorfeld vermeiden	Buch 2	Seite 265

Unterrichtsdurchführung **(Umgang mit Konflikten)**		
Umgang mit Störungen	Buch 2	Seite 349
Wertschätzung und respektvoller Umgang		#3114 Seite 393

Sozialpädagogische Einzelinterventionen
(Umgang mit Konflikten)

1. Phase: Situations- und Problembeschreibung	Buch 2	Ein Beispiel finden Sie auf Seite 477.
2. Phase: Zielerarbeitung		
3. Phase: Standortbestimmung		
4. Phase: Maßnahmen definieren		
5. Phase: Umsetzung begleiten		

Sozialpädagogische Gruppeninterventionen
(Umgang mit Konflikten)

Themen und Aktionen, die den Jugendlichen im „Umgang mit Konflikten“ konkrete Methoden und Instrumente zugänglich machen, wie z. B. ...

- Die Ampelmethode (siehe Seite 455)
- Rollenspiele (siehe Seite 319)
- ...

Kooperationsbereitschaft und Teamfähigkeit

„Die Kritik an anderen
hat noch keinem die eigene Leistung erspart."
(Noël Coward, englischer Schauspieler)

Kooperationsbereitschaft und Teamfähigkeit meint: Offen, aktiv und kooperativ mit der Familie, Gleichaltrigen, Kollegen und anderen Teams zu agieren. Es geht darum, Vertrauen in die Fähigkeiten anderer zu setzen und sich über gemeinsame Erfolge zu freuen sowie sich in neue Teams zu integrieren.[22]

Ein sehr großer Teil der Jugendlichen hat enorme Schwierigkeiten, wenn es darum geht, mit anderen zu kooperieren und zusammenzuarbeiten. Sie sind zumeist zu sehr damit beschäftigt, ihre freizeitorientierte Schonhaltung beizubehalten und versuchen sich wo sie nur können zu drücken oder im Schleichmodus zu bewegen und die Arbeit möglichst anderen zu überlassen. Andere sind viel mehr der Meinung, dass sie viel besser alleine arbeiten können und lassen sich deshalb nicht oder nur sehr schwer auf eine Zusammenarbeit mit anderen ein. Sie haben keine Lust auf andere zu warten oder von ihnen und ihren Ergebnissen bzw. Arbeitsfortschritten abhängig zu sein. Dann gibt es noch diejenigen, die ständig den Chef raushängen lassen und über alles und jeden bestimmen wollen. Da sie ständig versuchen ihren Kopf durchzusetzen, ist es mit ihrer Beliebtheit und Akzeptanz in der Gruppe meist nicht weit her.

Kein Ausbildungsbetrieb braucht Faulenzer, Einzelgänger oder Schaumschläger. Wer sich als nicht teamfähig erweist und nicht mit anderen kooperieren oder zusammenarbeiten kann oder will, wird wohl längere Zeit ohne Job oder Ausbildungsplatz auf der Straße stehen.

---

[22] Vgl. **Mühleisen und Oberhuder 2005**, S. 109

Einschätzung: Kooperationsbereitschaft und Teamfähigkeit

Wie kooperationsbereit und teamfähig sind die einzelnen Jugendlichen nun eigentlich? Ansatzpunkte auf diese Frage soll die folgende Tabelle geben.

Kooperationsbereitschaft und Teamfähigkeit

„nicht erkennbar“	„entwicklungsfähig“	„entwickelt“	„zu viel“
Einzelkämpfer, Mitläufer	Aktivierbar		Reißt alles an sich
Will immer der Boss sein.	Reagiert auf direkte Ansprache und bringt sich nach Aufforderung ein.	Übernimmt Verantwortung für das Team- oder Gruppenergebnis.	Kann Aufgaben nicht abgeben.
Überlässt ständig anderen alle Arbeit.			

Entwicklungsmöglichkeiten und -bereiche: Kooperationsbereitschaft und Teamfähigkeit

„Das gute Beispiel ist nicht eine Möglichkeit, andere Menschen zu beeinflussen, es ist die einzige.“
(Albert Schweitzer, deutscher Arzt)

Im Berufsleben sind heute weder Eigenbrötler oder einsame Tüftler noch dominante Cheftypen gefragt. Es geht fast überall in erster Linie um Kooperation und gemeinsamen Austausch. Aus diesem Grund ist es enorm wichtig, dass diese Jugendlichen lernen, mit anderen zusammenzuarbeiten. Es geht dabei um Kooperation und den Austausch von Informationen und Erfahrungen mit anderen.

Rahmenbedingungen
(Kooperationsbereitschaft und Teamfähigkeit)

Kleine freiwillige Aufgaben für zu Hause	Buch 2	#1116 Seite 207
Sportliche Aktivitäten	Buch 2	#1180 Seite 251

Unterrichtsplanung
(Kooperationsbereitschaft und Teamfähigkeit)

Alltagsbezüge herstellen	Buch 2	#2114 Seite 346
Arbeit in Projekten	Buch 2	#2115 Seite 338

Unterrichtsdurchführung
(Kooperationsbereitschaft und Teamfähigkeit)

Gruppendynamische Entwicklungsphasen	Buch 2	Seite 372
Leistungen anerkennen	Buch 2	#3111 Seite 381
Wertschätzung und respektvoller Umgang	Buch 2	#3114 Seite 393

Sozialpädagogische Einzelinterventionen
(Kooperationsbereitschaft und Teamfähigkeit)

1. Phase: Situations- und Problembeschreibung	Buch 2	Ein Beispiel finden Sie auf Seite 478.
2. Phase: Zielerarbeitung		
3. Phase: Standortbestimmung		
4. Phase: Maßnahmen definieren		
5. Phase: Umsetzung begleiten		

Sozialpädagogische Gruppeninterventionen
(Kooperationsbereitschaft und Teamfähigkeit)

Themen und Aktionen, welche die „Kooperationsfähigkeit und Teamfähigkeit" der Jugendlichen fördert und notwendig macht, wie z. B. ...

- Besuch in einem Klettergarten
- Verantwortung für sich und andere übernehmen

Umgangsformen

"Viele Menschen sind gut erzogen,
um nicht mit vollem Mund zu sprechen,
aber sie haben keine Bedenken,
es mit leerem Kopf zu tun."
(Orson Welles, amerikanischer Regisseur)

Umgangsformen (Benehmen, Manieren) bezeichnet die Art und Weise, wie höflich und taktvoll sich jemand in bestimmten Situationen verhält.

Gute Umgangsformen gehören heutzutage längst nicht mehr bei allen Jugendlichen zum guten Ton. Auf Worte wie "Bitte" und "Danke" oder Grußformeln wie "Guten Morgen" oder "Guten Tag" wartet man häufig vergebens. Selbst das gute alte Fragen bevor man sich etwas nimmt, scheint oftmals zu aufwendig zu sein. Manchen fällt es schwer, andere aussprechen zu lassen oder zu warten, bis sie an der Reihe sind, oder ihre momentanen Bedürfnisse zugunsten anderer zurückzustellen. Sie wissen häufig nicht, wann Scherze angebracht sind oder wann es besser wäre, einfach mal die Klappe zu halten. Sie verhalten sich häufig wie der vielfach zitierte Elefant im Porzellanladen. Ihr ungehobeltes Verhalten versperrt ihnen sicher öfter mal so manche private und berufliche Chance.

Einschätzung: Umgangsformen

Hier in paar Einschätzungshilfen bzgl. der Fähigkeit von Jugendlichen, sich angemessen zu verhalten bzw. zu benehmen.

Umgangsformen			
„nicht erkennbar“	**„entwicklungsfähig“**	**„entwickelt“**	**„zu viel“**
Benehmen sich ständig ruppig und flegelhaft, ohne Rücksicht auf die Bedürfnisse und Wünsche anderer zu nehmen.	Verhalten sich - je nach Tagesform - höflich und zuvorkommend.	Wissen was sich gehört und verhalten sich jederzeit dementsprechend.	Wirken immer so akkurat und steif bzw. künstlich höflich und zuvorkommend, als ob sie einen „Stock im Arsch“ haben.
	Wenn sie sich unbeobachtet fühlen, vernachlässigen sie ihren höflichen Umgang mit Gleichaltrigen und fremden Erwachsenen.	Grüßen höflich und halten anderen die Tür auf.	

Entwicklungsmöglichkeiten und -bereiche: Umgangsformen

„Gute Manieren bestehen aus lauter kleinen Opfern.“
(Ralph Waldo Emerson, amerikanischer Dichter)

Wer einen Ausbildungsplatz haben möchte, muss sich darüber im Klaren sein, dass er auf irgendeine Art und Weise immer mit Menschen zu tun haben wird. Entweder nur mit seinen Vorgesetzten und Kollegen oder aber auch mit Kunden von Angesicht zu Angesicht und/oder am Telefon.

Damit diesen Jugendlichen weder flegelhaftes noch unhöfliches Verhalten beim Start ins Berufsleben im Wege steht, soll es nun um Themen wie Takt und Stil, Etikette und Manieren bzw. höfliche und angemessene Umgangsformen gehen.

Rahmenbedingungen
(Umgangsformen)

Wer gute Umgangsformen erwartet und vermitteln möchte, muss selbst mit gutem Beispiel vorangehen (siehe dazu auch die 4. These, Seite 32).

Morgendliches Briefing	Buch 2	#1114 Seite 200
Strukturen, Regeln und Grenzen	Buch 2	#1141 Seite 245
Kleiderordnung	Buch 2	#1250 Seite 257
Anrede „Sie“	Buch 2	#1340 Seite 259

Unterrichtsplanung
(Umgangsformen)

Um auch immer gleich zu Beginn des Tages und/oder den Unterrichtseinheiten mit guten Beispiel und Umgangsformen voranzugehen, wäre es sicherlich nicht verkehrt, wenn man die Jugendlichen begrüßt. Ich habe es oft genug erlebt, dass Unterricht so beginnt: *„Holen Sie bitte ihre Aufgaben von letzter Woche heraus und arbeiten Sie daran weiter.“* Da geht doch noch was in Punkto Umgangsformen, oder? Z. B. kurz aber ernsthaft interessiert nach der Befindlichkeit der Jugendlichen zu fragen.

Wertschätzung und respektvoller Umgang	Buch 2	#3114 Seite 393

Unterrichtsdurchführung
(Umgangsformen)

Leistungen anerkennen	Buch 2	#3111 Seite 381
Wertschätzung und respektvoller Umgang		#3114 Seite 393

Sozialpädagogische Einzelinterventionen
(Umgangsformen)

1. Phase: Situations- und Problembeschreibung	Buch 2	Ein Beispiel finden Sie auf Seite 478.
2. Phase: Zielerarbeitung		
3. Phase: Standortbestimmung		
4. Phase: Maßnahmen definieren		
5. Phase: Umsetzung begleiten		

Sozialpädagogische Gruppeninterventionen
(Umgangsformen)

Themen und Inhalte, die den Jugendlichen gute „Umgangsformen“ näherbringen, wie z. B. ...

- Takt und Stil
- Knigge
- Höflichkeit
- ...

Toleranz

„Versuche niemals jemanden so zu machen, wie du selbst bist. Du solltest wissen, dass einer von deiner Sorte genug ist."
(Ralph Waldo Emerson, amerikanischer Dichter)

Toleranz meint die gleichberechtigte Anerkennung unterschiedlicher Menschen, z. B. solchen mit anderen Überzeugungen, Sitten und/oder Lebensstilen.

Viele Jugendliche können mit Andersartigkeit, ob es sich um religiöse Zugehörigkeit, das Äußere oder eine andere, von der eigenen abweichende, Meinung nicht immer so richtig gut umgehen. Wenn sie andere nicht von ihrer eigenen Sichtweise "überzeugen" können, dann kann es schon mal passieren, dass anders Denkende, Aussehende oder Zugehörige von ihnen ausgegrenzt und/oder lächerlich gemacht werden. Dass die eigenen Ansichten und Meinungen nicht immer die einzig möglichen, richtigen und wahren sein müssen, ist für sie nur schwer vorstell- und aushaltbar. Von ihren abweichende Sichtweisen werden oft als persönliche Einschränkung oder Angriff auf ihre Person empfunden. Wer nicht wie sie, für sie oder mit ihnen ist, ist gegen sie. Einer beruflichen Karriere ist Intoleranz keinesfalls förderlich und steht den Jugendlichen allzu oft bei einem erfolgreichen Start ins Berufsleben im Weg.

Einschätzung: Toleranz

Zur Einschätzung, ob und inwieweit einzelne Jugendliche zu tolerantem Denken und Handeln in der Lage sind, kann die folgenden Tabelle dienen.

Toleranz			
„nicht erkennbar“	**„entwicklungsfähig“**	**„entwickelt“**	**„zu viel“**
Lässt fremde Meinungen und Sichtweisen nicht zu.	Lässt sich schwer überzeugen, dass andere nicht so denken müssen wie er selbst.	Lässt auch andere bzw. abweichende Meinungen und Sichtweisen sowie Lebensstile gelten und begegnet ihnen mit Respekt.	Jede Meinung und Sichtweise wird unreflektiert akzeptiert.
Will immer seine Meinung durchsetzen, notfalls auch mit Gewalt.			
Homophobie			

Entwicklungsmöglichkeiten und -bereiche: Toleranz

„Manchmal wirken manche Menschen anstrengend und aggressiv, weil sie unsicher sind. Und manchmal dauert es ein wenig, dann kann man sie von einer liebenswerteren Seite kennenlernen.“

(Vgl. Zitat aus der Fernsehserie „Six Feet Under“)

Jugendliche müssen in die Lage versetzt werden, mit Andersartigkeit, wie z. B. fremdartigen Einstellungen, Meinungen und Verhaltensweisen, die nicht gegen die Basiswerte unserer Gesellschaft sowie Recht und Gesetz verstoßen, „klarzukommen“.

In diesem Abschnitt soll es um Möglichkeiten gehen, wie junge Menschen auf den Weg zu tolerantem Handeln und Denken gebracht werden können.

Rahmenbedingungen (Toleranz)		
Die Jugendlichen sind für ihre Situation und Defizite nicht verantwortlich!		1. These Seite 29
Man kann und darf bei den Jugendlichen nichts als gegeben voraussetzen!		2. These Seite 30
Strukturen, Regeln und Grenzen	Buch 2	#1141 Seite 245

Unterrichtsplanung (Toleranz)
Siehe Themen und Aktionen unter sozialpädagogische Gruppeninterventionen.

Unterrichtsdurchführung (Toleranz)	
Wertschätzung und respektvoller Umgang	#3114 Seite 393

Sozialpädagogische Einzelinterventionen
(Toleranz)

1. Phase: Situations- und Problembeschreibung	Buch 2 — Ein Beispiel finden Sie auf Seite 480.
2. Phase: Zielerarbeitung	
3. Phase: Standortbestimmung	
4. Phase: Maßnahmen definieren	
5. Phase: Umsetzung begleiten	

Sozialpädagogische Gruppeninterventionen
(Toleranz)

Themen und Inhalte, die es den Jugendlichen ermöglichen „Toleranz" zu üben und zu erfahren, wie z. B. ...

- Interkulturelle Kompetenz
- Weltreligionen
- ...

Durchsetzungsvermögen

„Wer seinen Willen durchsetzen will, muss leise sprechen."
(Jean Giraudoux, französischer Schriftsteller)

> „Personen mit **Durchsetzungsvermögen** sind klar in ihren Standpunkten, ohne die Rechte anderer zu verletzen. Sie sind in der Lage, anderen mit Respekt zu begegnen. Sie wissen um ihre eigene Sichtweise und können darum auch verstehen, dass andere eine andere Position vertreten können."[23]

Das Durchsetzungsvermögen vieler Jugendlicher liegt häufig an den destruktiven Enden der Durchsetzungsvermögen-Skala. Die einen sind kaum oder gar nicht in der Lage, sich für ihre Belange bzw. für das einzusetzen, was sie wollen. Sie „fressen" ihren Frust stumm in sich hinein oder ziehen sich beleidigt zurück und verstummen. Sie scheinen sich mit ihrem „Schicksal" abzufinden und lassen sich von ihrer Umgebung dominieren. Andere versuchen ihre (vermeintlichen) Interessen lautstark und aggressiv durchzusetzen. Bereits in der Schule haben sie sehr viel Aufmerksamkeit und Zeit der Lehrer und Pädagogen an sich gebunden. Sie treten zumeist mit „großer Fresse und nichts dahinter" auf. Sie gehen sogar so weit, ihre Mitstreiter massiv zu drangsalieren und das Personal zu beleidigen.

Wer sich immer in den Vordergrund drängt oder bei jeder schwierigen Situation oder Auseinandersetzung klein beigibt, wird nicht ernst genommen. Während die einen für jeden Ausbildungsbetrieb wegen ihres „gewaltigen" Auftretens untragbar sind, nimmt man die anderen als potenzielle Auszubildende oft gar nicht erst war, auch dann nicht, wenn Großes in ihnen steckt.

[23] Vgl. http://www.experto.de/b2c/lebensberatung/stress/5-tipps-fuer-mehr-durchsetzungsvermoegen.html, Stand: 21.01.2012

Einschätzung: Durchsetzungsvermögen

Bei der Einschätzung, ob und inwieweit die Jugendlichen in der Lage sind, ihre Interessen angemessen zu vertreten, soll die folgende Tabelle helfen.

Durchsetzungsvermögen			
„nicht erkennbar"	**„entwicklungsfähig"**	**„entwickelt"**	**„zu viel"**
Vermeidet jede Auseinandersetzung / jeden Konflikt und zieht sich sofort in sein „Schneckenhaus" zurück.	Bei einigen Themen kann man ihn „aus der Reserve" locken und dann vertritt er auch schon mal seine Meinung.	Weiß was er will und kann seine Interessen angemessen vertreten, ohne dabei andere zu verletzen.	
	Stört häufig, kann sich allerdings manchmal bzw. über einen kurzen Zeitraum „am Riemen reißen".		Spielt sich ständig störend in den Vordergrund. Ist nicht zu stoppen, da er immer wieder anfängt.

Entwicklungsmöglichkeiten und -bereiche: Durchsetzungsvermögen

„Wer sich nicht selbst helfen will, dem kann niemand helfen."
(Johann Heinrich Pestalozzi, schweizer Pädagoge)

Durchsetzungsvermögen hat weder etwas damit zu tun, dass man rücksichtslos oder egoistisch den eigenen Willen durchsetzen will, noch dass man aufkeimenden Ärger einfach hinunterschlucken muss. Es geht in diesem Abschnitt darum, wie Jugendliche lernen können, sich angemessen abzugrenzen und ihre Standpunkte und Interessen konstruktiv zu vertreten.

Es geht hier nun erster Linie darum, den Jugendlichen, sowohl im privaten als auch beruflichen Kontext, zu einem sicheren und akzeptablen Auftreten sowie Sozialverhalten zu verhelfen.

Rahmenbedingungen
(Durchsetzungsvermögen)

Sportliche Aktivitäten	Buch 2	#1180 Seite 251

Unterrichtsplanung
(Durchsetzungsvermögen)

Man könnte z. B. mehrere unterschiedliche Themen zur Bearbeitung und Präsentation vorbereiten und die Vergabe dieser Themen von der Argumentation der einzelnen Jugendlichen abhängig machen. Wer also ein bestimmtes Thema haben möchte, muss sich dafür einsetzen und gegen andere, die das Thema auch bearbeiten wollen, durchsetzen.

Unterrichtsdurchführung
(Durchsetzungsvermögen)

Im Unterricht könnte man von den Jugendlichen unterschiedliche Standpunkte in Rollenspielen (siehe Buch 2 / Seite 319) gegeneinander antreten lassen. Das Ziel würde darin bestehen, den anderen von seinem Standpunkt zu überzeugen.

Sozialpädagogische Einzelinterventionen (Durchsetzungsvermögen)		
1. Phase: Situations- und Problembeschreibung	Buch 2	Ein Beispiel finden Sie auf Seite 481.
2. Phase: Zielerarbeitung		
3. Phase: Standortbestimmung		
4. Phase: Maßnahmen definieren		
5. Phase: Umsetzung begleiten		

Sozialpädagogische Gruppeninterventionen (Durchsetzungsvermögen)
Themen und Inhalte, die es den Jugendlichen ermöglichen ihr „Durchsetzungsvermögen" auf ein angemessenes Maß hin zu trainieren, wie z. B. … - Selbstverteidigung - Selbstbehauptung - Körpersprache - …

Für Anregungen und Vorschläge bin ich offen und dankbar. Ich würde mich daher sehr freuen, wenn Sie mich ggf. kontaktieren und mir Ihre Ideen und/oder Erfahrungen mitteilen würden. Evtl. kann ich Ihre Vorschläge in einer nächsten Auflage aufgreifen.

Meine E-Mail-Adresse lautet: **Seidel@Pro-Prana.de**.